KB092839

상위 1%
인플루언서로 가는
절세 노하우

일러두기

- 영어 및 역주, 기타 병기는 본문 안에 작은 글씨로 처리했습니다.
- 외래어 단어는 국립국어원의 표기법을 따랐으되, 일부 굳어진 단어는 일반적으로 사용하는 발음으로 표기했습니다.

초보 인플루언서부터
랜선 사업자를 위한 세금 상식

상위 1%

인플루언서로 가는

절세 노하우

김동오 지음

다온북스
DAON BOOKS

차 례

인스타그램(SNS) 사업자도 세금을 내야 할까?

인스타그램(SNS)으로 돈 벌 때, 사업자등록 꼭 해야 할까?

인스타그램(SNS) 사업자가 소득세를 모르면 망한다?

잘 알아두면 의외로 도움 되는 원천세란?

비용처리만 잘해도 세금이 줄어든다고?

나도 세무조사 받는 대상이 될 수 있다고?

1장

인스타그램(SNS) 사업자도 세금을 내야 할까?

인스타그램 사업자의 소득은?

인플루언서 785명만 소득세 신고했다

'인플루언서(influencer)'들은 인스타그램, 페이스북, 유튜브, 블로그 등 소셜미디어(SNS)를 이용해 광고료와 상품 판매 등으로 수익을 올리고 있다. 특히 SNS 마켓은 상품 등을 직접 매입하여 판매하거나 상품을 홍보하고 판매 수량에 따라 수수료를 받고 있다. 개인 SNS 계정을 활용한 물품 판매, 구매 알선, 중개 등으로 수익을 얻는 사람들이 점점 늘어나고 있다.

지난 2022년 8월, 더불어민주당 양기대 의원실이 국세청으로부터 SNS 마켓 사업자 소득세 신고 현황 자료를 제출받았다. 이 자료에 따르면 2020년에 벌어들인 소득에 대해 소득세 신고를 한 인플루언서는

785명이고, 이들이 신고한 매출 총액은 141억 4,800만 원이다.

'녹스 인플루언서(Nox Influencer)' 자료에 따르면 2022년 8월 2일 기준 국내 인스타그램 팔로워 1만~5만을 보유한 인플루언서는 1만 명, 5만~10만은 5,358명, 10만~20만은 3,205명, 50만~100만은 380명, 100만 이상은 464명이다. 또한, 하이프오디터(HypeAuditor)의 '인플루언서 소득 설문조사'에서 평균적으로 인플루언서는 인스타그램 계정에서 월 $2,970을 벌고 마이크로 인플루언서(1,000~10,000명의 팔로워)는 월평균 $1,420, 메가 인플루언서(팔로워 100만 명 이상)는 월평균 $15,536을 벌고 있다는 조사 결과가 있었다. 이 조사에 따르면 인스타그램 팔로워가 1,000명에서 10,000명인 경우 평균 163만 원 정도의 월 수익이 발생한다.

2020년 기준 팔로워가 1만 명 이상인 국내 인스타그램 인플루언서는 9만 명이 넘는다. 이 중 785명만이 소득신고를 한 것으로 보아, 2020년 수익이 발생한 인플루언서 대부분이 소득신고를 하지 않은 것으로 보인다. 아마도 그들 대부분이 소득세 신고를 해야 하는지 몰랐을 가능성이 있다. 왜냐하면 국세청에서는 소득이 확인되는 경우에만 소득세 신고 안내문을 보내고 있기 때문이다.

인플루언서는 N잡러인 경우가 많다. 직장을 다니면서 추가적인 수입을 얻는 경우가 대부분이다. N잡러라면 반드시 5월 급여와 합산해서 소득세 신고를 다시 해야 한다. 인플루언서 소득을 누락해서 굳이 내지 않아도 되는 가산세를 내는 일을 주의해야 한다.

인플루언서란?

인스타그램, 유튜브, 트위터 등 SNS에서 많은 구독자나 팔로워를 가진 사람들과 포탈에서 영향력이 큰 블로그를 운영하는 파워 블로거를 말한다. 즉, SNS상에서 본인만의 고유의 콘텐츠를 가지고 구독자에게 영향을 미치는 사람들이다.

온라인 세계에서 패션, 뷰티, 자신만의 전문 분야에서 많은 사람에게 영향력을 주는 비슷한 표현으로 셀럽(CELEBRITY의 한국식 줄임말 CELEB)과 같은 단어도 존재한다. 인플루언서는 SNS를 통해 구독자와 팔로워에게 제품 사용 후기 등 많은 정보를 공유한다. 인플루언서 마케팅은 인플루언서와 팔로워 사이에 오랜 기간 소통으로 만들어진 신뢰가 핵심이다. 인플루언서와 팔로워 간의 신뢰를 바탕으로 제품이나 서비스를 홍보하고 판매하기도 한다.

인플루언서는 영향력에 따라 다음과 같이 분류된다.

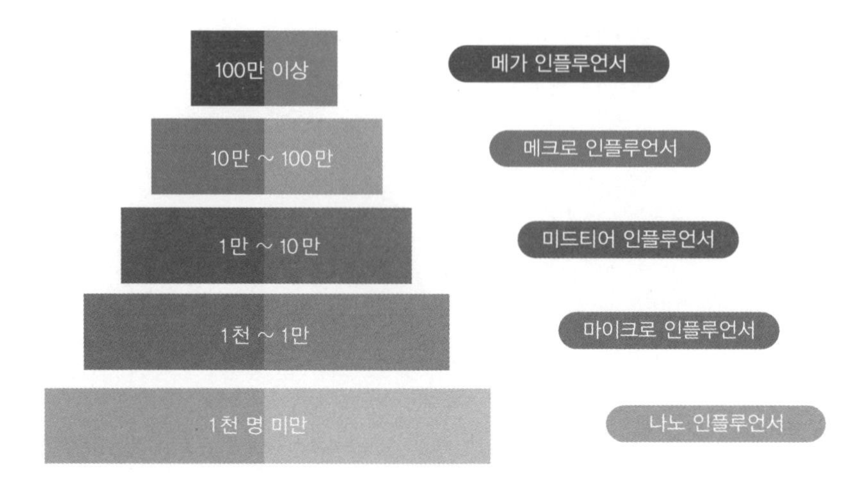

- **나노 인플루언서(Nano)** : 1천 명 미만의 팔로워 수를 보유하고 있고, 규모가 작은 만큼 팔로워와 공감대를 쌓을 수 있어 신뢰성이 높다.

- **마이크로 인플루언서(Micro)** : 1천 명에서 1만 명의 팔로워 수를 보유하고 있다. 공통된 관심 분야에 대해 팔로워와 친밀하게 소통하면서 인플루언서의 조언과 제안을 진지하게 받아들인다. 최근 인플루언서 마케팅에서 새로운 시장으로 관심을 받고 있다.

- **미드티어 인플루언서(Mid-tier)** : 팔로워가 1만 명에서 10만 명을 보유하고 있다. 마이크로 인플루언서와 매크로 인플루언서의 중간으로 인플루언서 마케팅에서 가장 효과적인 구간이다.

- **매크로 인플루언서(Macro)** : 10만에서 100만의 팔로워를 보유하고 있다. 주로 온라인 카페, 블로그 및 유튜브 채널 등 특정 커뮤니티 운영자가 속한다.

- **메가 인플루언서(Mega)** : 100만이 넘는 팔로워 수를 보유하고 있다. 연예인, 스포츠 스타 등 영향력 있는 유명 인물이 메가 인플루언서에 속한다.

SNS 마켓 사업자란?

인플루언서들뿐만 아니라 누구나 쉽게 사용할 수 있는 SNS(social networking service)는 소셜 네트워킹 서비스의 줄임말이다. SNS에 대한 정의는 이론적으로 보이드와 엘리슨(Boyd&Ellison, 2008)의 정의가 대표적이다.

"1) 특정 시스템 내에 자신의 신상 정보를 공개 또는 준 공개적으로 구축하게 하고, 2) 그들이 연계를 맺고 있는 다른 이용자들의 목록을 제시해 주며, 3) 이런 다른 이용자들이 맺고 있는 연계망의 리스트, 그리고 그 시스템 내의 다른 사람들이 맺고 있는 연계망의 리스트를 둘러볼 수 있게 해주는 웹 기반의 서비스"라고 규정한다.*

SNS 마켓 사업자란 사회관계망서비스(SNS) 채널을 통해 물품을 판매

* [네이버 지식백과] SNS (멀티미디어, 2013. 2. 25, 이재현)

하거나, 구매 알선 · 중개 등으로 수익을 내는 사람을 말한다.

SNS에서 계속적이고 반복적으로 물품을 판매하는 SNS 마켓 사업자는 사업성이 인정돼 사업자등록을 반드시 해야 한다. 사업자등록은 과세 사업자로 해야 하고, 사업자등록을 하지 않은 경우 가산세 등 불이익을 받을 수 있다. SNS 마켓 사업자는 부가세 신고와 종합소득세 신고를 해야 한다.

SNS 마켓 사업자의 수익은?

SNS 마켓 사업자의 수익은 크게 4가지로 나뉜다.

① 광고수익 : 블로그 · 인스타그램 · 페이스북 · 유튜브 등에 배너광고를 게재해주고 받는 수익
② 판매수익 : 상품이나 제품을 구입하여 SNS 채널을 이용한 판매를 통한 수익
③ 판매수수료 : 상품을 자신의 SNS 채널에 상품 홍보를 하고 판매 수량에 따라 받는 수수료
④홍보수익 : 특정 사업자의 상품 · 제품에 대한 정보를 제공 및 홍보하고 받는 수익

최근 세무 상담을 하는 SNS 마켓 사업자들의 수익은 대부분 판매수수

료 수익이다. 자신의 인스타그램 등 SNS 채널을 이용하여 특정 회사의 상품을 홍보하고 판매에 대한 수수료를 받는다. 이 경우 홍보 대상 상품을 선정하는 게 가장 어렵다고 한다. 잘못된 상품 선정으로 인해 개인의 SNS 계정이 붕괴되는 경우도 있다. SNS 마켓도 사업이다. 특히 신뢰를 바탕으로 하기에 상품 선정이 중요하다.

인스타마켓 사장님, 어떤 세금을 내야 할까?

"어떤 세금을 언제, 얼마나 내야 할까요?"

처음으로 사업자등록을 하는 인스타마켓 사장님들이 많이 물어보는 질문이다. 사업자등록을 낸다는 것은 본격적으로 사업을 시작하겠다는 의미이다. 따라서 소득이 발생하면 세금도 납부해야 한다. 적어도 어떤 세금을 내야 하는지는 알아야 절세를 준비할 수 있다.

SNS 마켓 사업자는 '부가가치세'와 '소득세'를 납부해야 한다.

① 부가가치세

부가가치세는 상품을 판매하거나 서비스를 제공할 경우 부가세 신고도 하고 납부도 해야 한다. SNS 마켓 사업자의 경우 자신의 인스타그램 계정에서 상품을 직접 판매하거나, 스마트스토어를 통해 판매한다. 초기 사업자는 공동구매와 같이 업체에서 받는 판매수수료 매출이 대부분이다. 이처럼 상품을 판매하거나 판매수수료를 받았다면 부가세 신고를 해야 한다.

판매수수료를 통장으로 받고 이에 대한 부가가치세 신고를 누락해도 되는지 물어보는 경우가 있다. 부가세 신고에 누락되면 부가세만 문제가 되는 것이 아니라 소득세까지 추가로 납부해야 한다. 문제가 되지 않게 누락하는 방법은 없냐고 묻는다면? 성실하게 신고하고 미리 준비하면 세금은 줄일 수 있다.

부가가치세는 일반과세자와 간이과세자의 계산구조가 다르다.

구분	일반과세자	간이과세자
기준	1년간 매출액 8,000만 원 이상이거나 간이과세 배제되는 업종 · 지역인 경우	1년간 매출액 8,000만 원 미만 이거나 간이과세 배제되는 업종 · 지역이 아닌 경우
매출세액	공급가액×10%	공급대가×업종별 부가가치율×10%
세금계산서 발급	발급 가능	발급 불가능 (직전 연도 매출액 4,800만 원 이상 발급 가능)
매입세액 공제	전액 공제	매입세액×업종별 부가가치율(5~30%) *'21.7.1. 이후 공급받거나 수입신고 하는 분부터는 공급대가×0.5%
환급 여부	환급 가능	환급 불가

② 종합소득세

종합소득세는 1년 동안 SNS 마켓 사업에서 얻은 소득에 대하여 신고 · 납부해야 한다. 인스타마켓 사장님들은 겸업인 경우가 많다. 즉,

SNS 마켓 소득 이외에 근로소득이 있거나, 사업자등록을 하기 전에 업체로부터 받았던 사업소득이 있는 경우가 많다.

만약에 SNS 마켓 소득 이외에 근로, 사업, 기타소득 등 다른 소득이 있다면 합산해서 신고하면 된다. 소득세는 총수입에서 필요경비를 차감한 소득금액에서 소득공제 등을 차감한 후 소득세율(6%~45%)을 곱해서 계산한다. 필요경비는 사업을 위해 지출한 모든 경비를 말한다. 소득세를 줄이기 위해서는 필요경비를 잘 챙겨야 한다.

종합소득세 계산구조

총 수입금액 – 필요경비
= 소득금액
소득금액 – 소득공제(기본공제)
= 과세표준
과세표준 * 소득세율(6%~45%)
= 산출세액
산출세액 – 세액공제 • 감면
= 결정세액
결정세액 + 가산세 – 기납부세액
= 납부할 세액

인스타그램으로 수익이 났는데 세금을 어떻게 내야 할까요?

전업주부, 회사원, 학생 등 SNS로 돈을 버는 능력자들이 자주 묻는 말이다. 최근 2개 이상의 복수 직업을 가진 일명 'N잡러'가 늘고 있다. 이들의 수익 종류를 보면 크게 3가지다.

첫 번째 브랜드랑 협약해서 판매하고 수수료를 받거나, 두 번째 상품을 제품 홍보 비용을 받는다. 마지막으로 상품을 구매 후 직접 판매해서 수익을 얻는 경우다. 첫 번째와 두 번째의 경우는 대부분 업체로부터 3.3% 사업소득으로 원천징수 후 금액을 받을 것이다. 세 번째의 경우는 SNS 마켓 사업자로 사업자등록을 하고 판매해야 한다.

이렇게 인스타그램이나 블로그마켓을 통해 수익을 냈다면 수익의 종류와 무관하게 소득이 발행했기 때문에 소득세 신고를 해야 한다. 금액의 정도를 떠나서 모두 소득세 신고 대상이다. 특히 N잡러라면 꼭 신고해야 한다.

종합소득세는 1년 동안 발생한 개인의 각종 소득을 모두 합산해서 신

종합소득세 합산대상 소득의 종류

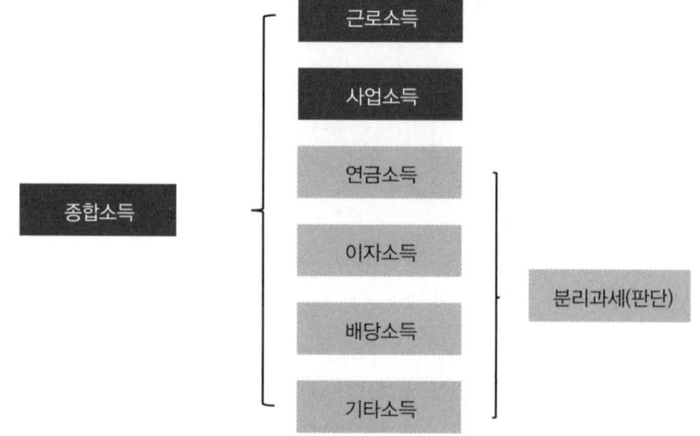

고하는 것이다. 소득세 신고 때 합산해야 하는 소득은 이자소득, 배당소득, 사업소득, 근로소득, 연금소득, 기타소득이 있다.

인스타그램이나 블로그마켓을 통해 얻은 수익은 '사업소득'에 해당한다. 만약 회사에서 받은 근로소득이 있다면 반드시 사업소득(인스타그램 소득)과 합산해서 신고해야 한다. 5월 소득세 신고 시 인스타그램 소득을 누락했다면 추가로 소득세와 가산세를 납부해야 한다.

사업자가 원하는 대로 세금을 줄여줄 수 있는 세무사는 없다

세무 상담을 하다 보면 무조건 세금을 줄여 달라는 사업자들을 종종 만나게 된다. 안타깝게도 사업자가 원하는 대로 세금을 줄여주는 세무사는 없다. 그러나 세금은 미리 준비하면 줄일 수 있다.

사업자가 세금에 관심을 두는 시기는 신고 직전이다. 부가가치세, 종합소득세 신고를 며칠 앞두고 찾아오는 경우가 많다. '세금을 억울하게 많이 내는 게 아닐까?' '직접 신고하려다 혹시 잘못 신고해서 세금폭탄을 맞지 않을까?' 이런 걱정을 할 만큼 세금을 잘 알고 사업을 시작하는 사업자는 많지 않다. 그러므로 미리 준비해야 한다.

사업을 시작하기 전에 미리 준비해야 할 것들이 많다. 세금에 대한 준비도 그중 하나다. 그러나 사업에 관해서는 철저하게 챙기면서, 세금에 관해서는 "세무사가 다 해주겠지"라며 대충 넘어가는 경우가 많다. 적어도 내가 어떤 세금을 언제, 얼마큼 내야 하는지 정도는 알아야 한다.

모르면 용감해진다고 한다. 세금은 모르면 세금폭탄을 맞는다. 우리 주변에 세금 상담을 해주는 세무사는 많다. 모르면 찾아가서 세금 상담을 받길 권한다. 국세청 홈택스에서도 쉽게 세목별로 세무 상담을 받을 수 있다. 세금을 줄이는 것도 치료보다는 예방이 더욱 중요하다. 과거에 대한 세금 전략보다는, 미래에 대한 세금 전략을 세워야 절세할 수 있다.

사업자등록 전 꼭 알아야 하는 세무 지식

N잡러! 회사원도 사업자등록 낼 수 있나요?

SNS 마켓 사업으로 성공한 사업자들과 상담하다 보면 처음부터 다니던 회사를 그만두고 전업으로 시작한 사업자는 거의 없다. 대부분 회사에 다니면서 겸업으로 시작하는 경우가 많다. 요즘 흔히 말하는 'N잡러'로 시작하게 된다.

결론부터 말하자면 직장을 다니면서 사업자등록을 할 수 있다. 아무런 문제가 없다. 다만 회사 사규, 취업규칙 등 내부 규정에 겸업 금지, 사업자등록 금지 사항이 있다면 사업자등록에 어려움이 있다. 이는 회사와 충분한 협의를 통해 결정해야 한다.

SNS 마켓 사업의 경우 개인의 SNS 채널을 이용해 업무 외적인 개인 시간에 수익을 만들지만, 회사 업무에 지장을 주는 경우는 드물기에 충분히 협의를 통해 해결할 수 있으리라 생각된다.

사업자등록을 꼭 해야 하나요?

최근 SNS나 인스타그램 등을 통해 상품을 판매하거나 구매 알선, 중개를 통해 수익이 발생하기 시작하는 분들이 자주 묻는 게 있다.

"수입이 많지 않은데 꼭 사업자등록을 해야 하나요?"

"사업자등록을 하지 않고 사업을 하면 어떻게 되나요?"

독립적인 주체가 되어 계속 · 반복적으로 상품을 판매하려고 한다면 거래 건수와 금액에 상관없이 사업자등록을 해야 한다. 인터넷 쇼핑몰이나 오픈 마켓을 통해 전자상거래를 하기 위해서는 사업자등록과 통신판매업 신고를 해야 하기 때문이다. 이때 통신판매업 신고 면제 기준은 직전 연도 동안 통신판매의 거래 횟수가 50회 미만이거나 부가가치세법상 간이과세자인 경우다.

그러나 국세청에서는 사업자등록 의무 기준이 되는 계속적, 반복적 거래에 대한 구체적인 거래 건수와 금액에 대한 명확한 기준을 갖고 있지 않다. 과거 국세청 지침으로 6개월 동안 거래 횟수가 10회 이상이거나 거래금액이 600만 원 이상인 경우에 계속적, 반복적 거래로 보아 사업자등록 대상으로 분류했다. 실무적으로는 전문가와의 상담을 통해 결정하기를 권한다.

사업자등록은 사업의 시작이다. 잘못된 시작으로 사업을 접어야 하는 경우도 있다. 그러니 사업자등록 시 다음 사항들을 꼭 고려하도록 하자.

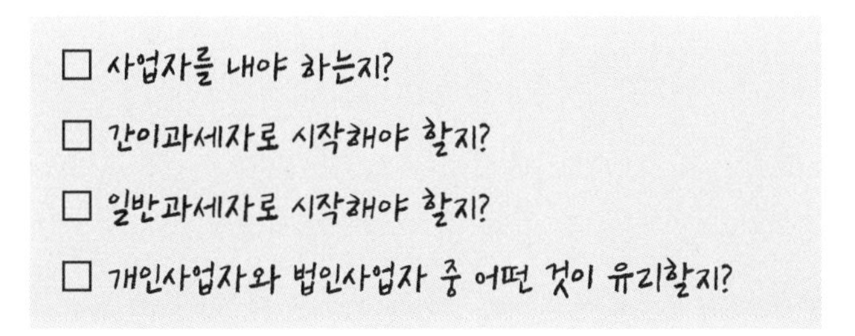

사업자 개인 상황에 따른 최선의 선택을 해야 한다. 사업자등록은 사업개시일부터 20일 이내에 사업장 관할세무서장에게 사업자등록을 신청해야 한다.

사업자등록을 안 하면 어떻게 되나요?

SNS 마켓 사업자 대부분은 "설마 팔릴까?" 하는 생각으로 부업을 시작하는 경우가 많다. 거래 건수가 한 달에 10건도 안 되고 거래금액도 50만 원도 안 되는데 사업자등록을 꼭 내야 할까? 거래 건수와 금액이 적더라도 영리를 목적으로 물건을 판매하거나 구매 알선 수수료를 받았다면 사업개시일 20일 이내에 사업자등록을 해야 한다. 사업자등록을 안 하면 어떤 가산세를 내는지 살펴보자.

첫 번째, 사업자 미등록가산세를 납부해야 한다. 사업개시일로부터 미등록 사실이 확인되는 날의 직전일까지의 공급가액(부가세 별도) 합계액의 1%에 상당하는 금액을 가산세로 납부해야 한다.

두 번째, 사업자등록을 하지 않아서 부가세 신고를 못 하게 된다. 따라서 부가세 신고를 하지 못함으로써 부가세 신고불성실가산세와 부가세 납부불성실가산세를 납부해야 한다. 부가세를 신고하지 못해서 내야 하는 무신고 가산세는 일반 무신고의 경우 무신고 납부세액에 대해 20%를 납부해야 한다.

또한 부가세 신고를 하지 못했기에 납부도 못하게 된다. 부가세를 납부하지 못한 납부불성실가산세도 납부하게 된다. 세금을 납부하지 못한 [금액(미납세액) × 경과일수×0.022%]를 내야 한다. 미납세액이 10만원일 경우 하루 2,200원의 납부불성실가산세를 납부해야 한다.

사업자등록을 안 하면 세무적으로 여러 가지 불이익을 받게 된다. 부가세뿐만 아니라 소득세 측면에서도 여러 가지 가산세를 납부하게 될 수도 있다. 세무 상담을 하면 '사업자등록을 하면 무조건 세금을 많이 납부하게 되지 않을까?' 걱정하는 초보 사장님들을 자주 접하게 된다. 그러나 세금을 전혀 납부하지 않는 경우도 많다. 세금은 아는 만큼 줄일 수 있다. 사업을 시작하기 전 세무 상담이 필요한 이유다.

사업자등록 언제 내야 하나요?

"매출액도 없는데 바로 사업자등록을 내야 하나요?"

세법에서는 매출액 발생과 상관없이 사업개시일부터 20일 이내에 사업장 관할세무서장에게 사업자등록을 해야 한다. 사업자등록을 하지 않으면 미등록가산세로 매출액의 1%를 부담하게 된다. SNS 마켓 사업을 결정했다면 바로 사업자등록을 신청하라고 권하고 싶다.

사업자등록을 하지 않으면 사업자등록증이 없기 때문에 사업자등록 전 지출한 매입세액을 공제받지 못하게 된다. 매입세액은 부가세 신고 때 납부해야 할 부가세에서 공제하거나 매입세액이 매출세액보다 많을 경우에는 환급받을 수도 있다.

처음 사업을 시작하면 사무실 인테리어, 비품, 임대료 등 각종 지출이 발생하게 된다. 이 경우 신용카드로 지불하거나, 세금계산서를 발급받게 된다. 지불한 금액에는 매입 부가세가 포함되어 있다. 부가세를 공제받으려면 사업자등록증이 있어야 한다.

다른 사람 이름으로 사업자등록을 해도 될까?

사업자등록을 다른 사람 이름으로 하는 이유는 크게 2가지다. 첫 번째, 세금을 적게 내기 위해서다. SNS 마켓 사업자 대부분 N잡러다. 부업으로 시작했다가 본업이 되는 경우가 많다. N잡러의 경우 급여 등 타 소득과 합산해서 소득세 신고를 해야 한다. 이 경우 소득이 합산돼서 소득세를 많이 내게 된다. 그러나 단순히 소득세를 많이 낼 수도 있다는 이유로 명의를 빌려서는 안 된다. 본인 명의로 사업을 하면서 세금을 줄일 방법이 얼마든지 있다.

두 번째, 본인 이름으로 사업자등록을 할 수 없는 특수한 상황이 있다. 직장인의 경우 사규나 취업규칙에 겸업 금지 조항이 있다거나 혹은 국세 체납, 신용불량 등 특수한 상황 등 사업자임이 알려지면 곤란한 경우들 때문이다. 실무적으로 두 번째 이유로 본인 이름으로 사업자등록을 할 수 없는 경우가 많다.

세법에서는 실질 사업자가 사업자등록을 해야 한다. 명의대여로 법적인 처벌을 받을 수도 있다. 「상법 제39조 및 조세범처벌법」 제11조 제2항에 의해 형사처벌 대상이 되며 1,000만 원 이하의 벌금형 처분을 받을 수 있다.

개인 사정으로 인해 다른 사람 이름으로 사업자등록을 하는 경우도 가끔 보게 된다. 명의를 빌려주는 사람 대부분은 친한 사이여서 거절하지 못하고 명의 사용을 허락한다. 그러나 명의를 빌려 간 사람이 세금 신고를 하지 않거나 납부하지 않으면 모든 세금은 '명의를 빌려준 사람'에게 돌아간다. 그렇게 되면 금전적인 손해뿐만 아니라 법적인 처벌도 받을 수 있다. 아무리 친한 사이라도 명의를 빌려달라고 청하지도 말고, 빌려주어서도 안 된다.

"세금 신고하는 날" 세금 달력으로 확인하기

세금은 미리 준비해야 줄일 수 있다. 어떤 세금을 언제까지 신고해야 하는지 알아야 미리 준비할 수 있다. 사업자에게 중요한 신고는 3가지다. 직원이 있으면 신고하는 '원천세', 소득이 있으면 신고하는 '소득세', 매출 · 매입을 확정하는 '부가세' 신고다. 세금은 각각의 신고 기한이 있다. 기한을 지키지 못해 가산세를 추가로 납부하는 일은 없어야 한다.

세목	원천세	부가세		소득세	
	개인, 법인	개인	법인	개인	법인
1월	10일	**25일 (신고 · 납부)**	**25일 (신고 · 납부)**		
2월	10일				
3월	10일				**31일 (신고 · 납부)**
4월	10일	**25일 (예정고지)**	**25일 (신고 · 납부)**		
5월	10일			**31일 (신고 · 납부)**	
6월	10일				
7월	10일	**25일 (신고 · 납부)**	**25일 (신고 · 납부)**		
8월	10일				31일 (중간예납)
9월	10일				
10월	10일	25일 (예정고지)	**25일 (신고 · 납부)**		
11월	10일			30일 (중간예납)	
12월	10일				

※간이과세자 부가세는 1년을 과세기간으로 하여 1월 25일까지 신고 · 납부한다.

※부가세 예정고지 : 개인 일반사업자와 소규모 법인사업자(직전 과세기간 공급가액의 합계액이 1억 5천만 원 미만)는 직전 과세기간(6개월) 납부세액의 50%를 예정고지서(4월 · 10월)에 의해 납부(예정신고 의무 없음)하여야 하고, 예정고지된 세액은 다음 확정신고 시 기납부세액으로 차감된다.

※원천세 반기신고 : 상시 고용 인원이 20인 이하면 6월과 12월에 원천세 반기신고 신청을 할 수 있다.
1~6월까지의 급여 지급을 7월에, 7~12월까지의 급여 지급을 1월에 반기별로 신고할 수 있다.

사업자 없는 인플루언서는 소득세를 얼마나 낼까?

겸업 인플루언서는 5월에 소득세를 신고해야 한다

겸업은 주된 직업 외에 다른 일을 겸하는 것을 말한다. 최근 SNS 채널을 통해 겸업하는 직장인이 많이 늘고 있다. 경쟁사에 영업비밀 등을 유출한다거나, 근무 시간을 활용하는 등 회사에 손해를 끼치지 않는다면 회사에서도 겸업을 금지하기는 어렵다. 그러나 겸업으로 인해 주업에 부정적인 영향을 끼친다면 주의해야 한다. 월급을 주는 회사 입장에서는 본업에 충실하기를 바란다.

근로자가 부업을 통해 수익이 발생했다면 5월에 종합소득세 신고를 꼭 해야 한다. 근로자는 2월에 회사에서 연말정산을 통해 소득세 신고를 대신 한다. 그러나 다른 소득이 있다면 합산해서 신고해야 한다. 대부분의 인플루언서는 사업자등록을 하지 않고 인적용역 사업소득자로 3.3% 원천징수를 한다. 이 경우 근로소득과 사업소득을 합산해서 5월에 종합소득세 신고를 해야 한다. 근로소득과 사업소득을 합산하기 때문에 환급보다는 추가 세금 납부가 발생하기도 한다.

5월에 종합소득세 합산신고를 하지 않으면 누락된 본세와 가산세를 납부하게 된다. 무신고로 인한 무신고 가산세 20%와 납부 지연 가산세까지 추가로 납부하는 일이 없도록 꼭 챙겨야 한다.

■ 종합소득세 신고 대상자

① 복수의 근로소득자가 연말정산을 합산신고 하지 않았을 경우

② 사업소득자로 3.3% 원천징수한 경우(프리랜서, 인플루언서 등)

③ 기타소득금액이 300만 원을 초과한 경우(기타수입금액 기준 750만 원 초과)

④ 이자, 배당소득의 합계액이 2,000만 원을 초과한 경우

⑤ 연금소득이 1,200만 원을 초과한 경우

직전 연도 수입금액에 따라 달라지는 인플루언서 소득세 신고 방법

모든 사업자는 실질소득에 따라 소득세 신고를 해야 한다. 실질소득은 사업과 관련하여 발생한 세금계산서 등 증명서류를 근거로 작성된 장

부에 의해 계산한다. 단, 장부가 없으면 기준(단순)경비율로 소득금액을 계산해 추계신고를 해야 한다. 프리랜서의 경우 직전 연도 수입금액이 '2,400만 원'과 '7,500만 원'을 기준으로 신고 유형이 바뀌게 된다.

직전 연도 수입금액이 2,400만 원 미만이면 '단순경비율 적용대상자'로 세금 부담이 거의 없다. 그러나 2,400만 원 이상이라면 기준경비율 대상으로서 적극적으로 준비하지 않으면 3.3% 원천징수한 세금에 추가로 소득세를 납부하게 된다.

직전 연도 수입금액이 7,500만 원 이상자는 '복식부기 의무자'로 반드시 장부에 의한 소득금액으로 소득세 신고를 해야 한다. 사업자가 직접 장부를 작성하기는 어려우므로 가능하면 세무 대리인을 통해 미리 준비하는 것이 유리하다. 내가 어떤 방법으로 소득세 신고를 해야 하는지, 각 신고 방법에 맞는 절세 전략은 무엇인지 미리 준비할 필요가 있다.

수입금액별 신고 유형 및 기장 의무

업종별	장부신고자			추계신고자	
	당해연도 수입금액	직전 연도 수입금액			
	성실신고 대상자	복식부기 의무자	간편장부 대상자	기준경비율 적용대상자	단순경비율 적용대상자
1. 농업 및 임업, 어업, 광업, 도매업 및 소매업(상품 중개업 제외), 부동산매매업, 아래 2와 3에 해당하지 아니하는 사업	해당연도 수입금액 15억 원 이상	3억 원 이상자	3억 원 미만자	6천만 원 이상자	6천만 원 미만자

2. 제조업, 숙박 및 음식점업, 전기□가스□증기 및 수도 사업, 하수□폐기물처리□ 원료 재생 및 환경복원업, 건설업 (비주거용 건물 건설업은 제외), 부동산 개발 및 공급업 (주거용 건물 개발 및 공급업에 한함), 운수업, 출판□영상□방송 · 통신 및 정보서비스업, 금융 및 보험업, 상품 중개업	해당연도 수입금액 7.5억 원 이상	1억 5천만 원 이상자	1억 5천만 원 미만자	3천 6백만 원 이상자	3천 6백만 원 미만자
3. 법 제45조 제2항에 따른 부동산임대업, 부동산 관련 서비스업, 전문□과학 및 기술서비스업, 임대업(부동산임대업 제외), 사업시설관리 및 사업지원서비스업, 교육 서비스업, 보건업 및 사회복지서비스업, 예술□스포츠 및 여가 관련 서비스업, 협회 및 단체, 수리 및 기타 개인서비스업, 가구 내 고용 활동	해당연도 수입금액 5억 원 이상	7천 5백만 원 이상자	7천 5백만 원 미만자	2천 4백만 원 이상자	2천 4백만 원 미만자

인플루언서 수입이 2,400만 원 '이하'인데 소득세 신고해야 하나요?

인플루언서와 같이 별도의 사업자등록 없이 인적용역을 제공하는 경우 소득의 3.3%를 원천징수 한 후 받게 된다. 인플루언서 소득은 근로소득이 아니라 사업소득에 해당한다. 따라서 무조건 5월에 소득세 신고를 해야 한다.

소득세 신고는 직전 연도 수입금액과 업종에 따라 신고 유형이 달라진다. 인플루언서 직전 연도 수입금액이 2,400만 원 미만이고 당해연도 수입금액이 7,500만 원 미만이면 '단순경비율'로 소득세 신고를 해야 한다.

단순경비율 신고는 장부에 의해 소득금액을 계산하지 않고 국세청에서 정해준 단순경비율만큼 경비로 소득금액(매출액×단순경비율)을 계산한다. 1인 미디어 콘텐츠 창작자(인플루언서)의 경우 단순경비율은 64.1%(일반율 4,000만 원까지)다. 즉, 매출액의 64.1%는 경비로 인정해준다.

'업종코드 94'로 시작하는 인적용역 사업자의 경우 단순경비율이 60% 이상인 경우가 대부분이다. 당해연도 4,000만 원 미만의 프리랜서는 대부분 소득세를 환급받게 된다.

1인 미디어 콘텐츠 창작자(인플루언서) 단순경비율 소득세 계산

① 업종코드 : 940306
② 2021귀속 단순, 기준경비율 : 단순경비율(일반율) 64.1%, 단순경비율(4,000만 원 초과율) 49.7%, 기준경비율 16.8%
③ 직전 연도 수입금액 : 2,400만 원 미만
④ 당해연도 수입금액 : 4,000만 원
⑤ 기본공제만 적용(세액공제, 감면 미적용) : 150만 원

수입금액	40,000,000	당해연도 수입금액
(-)필요경비	25,640,000	필요경비 = 매출액 x 64.1%(단순경비율)
소득금액	14,360,000	
(-)소득공제	1,500,000	인적공제 본인 공제만 적용
과세표준	12,860,000	
(x)세율	15%	1,200만 원 ~ 4,600만 원 → 15% (누진공제 108만 원)
산출세액	849,000	
(-)기납부세액	1,200,000	기납부세액 = 수입금액 x 3% (원천징수세액)
납부할세액	- 351,000	사업소득으로 원천징수한 세액이 산출세액보다 많아 환급 발생함

인플루언서 수입이 2,400만 원 '이상'이면 소득세 얼마나 내야 할까?

소득세 신고 유형은 직전 연도 수입금액과 당해연도 수입금액을 기준으로 분류된다. 인적용역 사업자의 경우 직전 연도 수입금액이 2,400만 원 미만이면 단순경비율로 신고한다. 단 당해연도 수입금액이 7,500만 원 이상이면 직전 연도 수입금액이 2,400만 원 미만이라 하더라도 단순경비율이 아닌 장부에 의한 신고를 해야 한다.

그리고 직전 연도 수입금액이 2,400만 원 이상이면 기준경비율로 신고해야 한다. 가끔 기준경비율로 신고해야 하는데 단순경비율로 잘못 신고해서 추가 세금과 가산세를 납부하는 경우가 있다. 인플루언서의 기준경비율은 16.8%로 단순경비율 64.1%보다 매우 낮다. 따라서 기준경비율로 신고 시 소득세를 많이 부담하게 된다. 인플루언서 활동에 지출된 경비를 꼼꼼하게 준비해서 기준경비율보다 많으면 장부에 의한 소득세 신고가 세금을 덜 내는 방법이다.

1인 미디어 콘텐츠 창작자(인플루언서) 기준경비율 소득세 계산

① 업종코드 : 940306

② 2021귀속 단순, 기준경비율 : 단순경비율(일반율) 64.1%, 단순경비율(4,000만 원 초과율) 49.7%, 기준경비율 16.8%

③ 직전 연도 수입금액 : 2,400만 원 이상

④ 당해연도 수입금액 : 4,000만 원

⑤ 기본공제만 적용(세액공제, 감면 미적용) : 150만 원

⑥ 주요경비는 매입비 400만 원 (수입금액의 10% 책정)

 # 매입비는 상품, 재료 등의 순수한 물건 매입대금임(음식, 숙박, 통신비, 보험료, 수수료, 광고선전비, 운송비, 서비스 용역비 등

수입금액	40,000,000	당해연도 수입금액
(-)기준경비	6,720,000	필요경비 = 매출액 x 16.8%(기준경비율)
(-)주요경비	4,000,000	주요경비 = 매입비 + 임차료 + 인건비
계	10,720,000	
소득금액	29,280,000	
(-)소득공제	1,500,000	인적공제 본인 공제만 적용
과세표준	27,780,000	
(x)세율	15%	1,200만 원 ~ 4,600만 원 → 15% (누진공제 108만 원)
산출세액	3,087,000	
(-)기납부세액	1,200,000	기납부세액 = 수입금액 x 3% (원천징수세액)
납부할세액	1,887,000	사업소득으로 원천징수한 세액이 산출세액보다 적어 추가 납부세액 발생함

1인 미디어 콘텐츠 창작자(인플루언서) 단순경비율,기준경비율 소득세 비교

① 업종코드 : 940306

② 2021귀속 단순, 기준경비율 : 단순경비율(일반율) 64.1%, 단순경비율(4,000만 원 초과율) 49.7%, 기준경비율 16.8%

③ 당해연도 수입금액 : 4,000만 원

④ 기본공제만 적용(세액공제, 감면 미적용) : 150만 원

⑤ 주요경비는 매입비 400만 원 (수입금액의 10% 책정)

 # 매입비는 상품, 재료 등의 순수한 물건 매입대금임(음식, 숙박, 통신비, 보험료, 수수료, 광고선전비, 운송비, 서비스 용역비 등

신고 유형	단순경비율	기준경비율	비고
수입금액	40,000,000	40,000,000	당해년도 수입금액
(-)필요경비	25,640,000	6,720,000	단순경비율 64.1%, 기준경비율 16.8% 적용
(-)주요경비		4,000,000	주요경비 = 매입비 + 임차료 + 인건비
계	25,640,000	10,720,000	
소득금액	14,360,000	29,280,000	
(-)소득공제	1,500,000	1,500,000	
과세표준	12,860,000	27,780,000	
(x)세율	15%	15%	1,200만 원 ~ 4,600만 원 → 15% (누진공제 108만 원)
산출세액	849,000	3,087,000	
(-)기납부세액	1,200,000	1,200,000	기납부세액 = 수입금액 x 3% (원천징수세액)

인플루언서 수입이 7,500만 원 이상이면 소득세 얼마나 내야 할까?

당해연도 수입금액이 7,500만 원 이상이면 복식부기 의무자에 해당되어 반드시 장부에 의한 소득세 신고를 해야 한다. 그러나 장부에 의한 신고를 못 할 경우에 기준경비율로 추계로 신고할 수 있다.

장부에 의한 신고는 1년간 사업 활동을 하면서 발생한 경비를 기록하여 소득금액을 계산하여 소득세 신고를 하게 된다. 사업과 관련하여 지출한 경비는 비용처리가 가능하다. 단 세금계산서, 신용카드, 현금영수증 등 증빙을 받지 못하면 비용처리를 할 수 없게 된다. 증빙을 잘 챙겨야 세금을 줄일 수 있다.

복식부기 의무자가 기준경비율로 추계신고할 경우 무신고 가산세를 추가로 납부해야 한다. '비용처리'에 관심을 두고 장부를 통해서 신고할 수 있도록 신경을 써야 한다.

1인 미디어 콘텐츠 창작자(인플루언서) 장부,기준경비율 소득세 비교

① 업종코드 : 940306

② 2021귀속 단순, 기준경비율 : 단순경비율(일반율) 64.1%, 단순경비율(4,000만 원 초과율) 49.7%, 기준경비율 16.8%

③ 당해연도 수입금액 : 7,500만 원

④ 기본공제만 적용(세액공제, 감면 미적용) : 150만 원

⑤ 주요경비는 매입비 750만 원(수입금액의 10% 책정), 기타경비 1,500만 원(수입금액의 20% 책정)

 # 매입비는 상품, 재료 등의 순수한 물건 매입대금임(음식, 숙박, 통신비, 보험료, 수수료, 광고선전비, 운송비, 서비스 용역비 등

신고 유형	복식부기	기준경비율	비고
수입금액	75,000,000	75,000,000	당해연도 수입금액
(-)필요경비	15,000,000	12,600,000	기준경비율 16.8% 적용
(-)주요경비	7,500,000	7,500,000	주요경비 = 매입비 + 임차료 + 인건비
계	22,500,000	20,100,000	
소득금액	52,500,000	54,900,000	
(-)소득공제	1,500,000	1,500,000	
과세표준	51,000,000	53,400,000	
(x)세율	24%	24%	4,600만 원 ~ 8,800만 원 → 24% (누진공제 522만 원)
산출세액	11,160,000	11,736,000	
(-)기납부세액	2,250,000	2,250,000	기납부세액 = 수입금액 x 3% (원천징수세액)
(+)무신고가산세		2,347,200	MAX[①, ②] ① 무신고납부세액×20 ② 수입금액×0.07%
납부할세액	8,910,000	11,833,200	
차액		2,923,200	기준경비율로 신고 시 추가납부해야 하는 세액

SNS 마켓 사업자 100% 세금 줄이기

MZ세대 창업이 많은 SNS 마켓 사업자의 경우 창업중소기업 감면으로 최대 5년간 100%까지 소득세 · 법인세를 줄일 수 있다. 창업중소기업감면은 청년 창업률을 높이고자 만 15세 이상 34세 이하 청년을 대상

으로 정부에서 지원하는 세금 혜택이다.

감면받기 위해서는 몇 가지 조건을 충족해야 한다. 첫 번째, 신규창업 또는 최초 창업이어야 한다. 처음으로 사업자등록을 하고 사업을 시작하는 SNS 마켓 사업자는 이 조건을 충족하게 된다. 그러나 기존 사업을 폐업한 후 폐업 전과 성격이 같은 사업으로 재창업하거나, 개인사업자에서 법인으로 전환하는 경우는 제외된다.

두 번째, 창업 시 창업자의 나이가 만 15세 이상 34세 이하여야 한다. 단 군 복무를 한 창업자의 경우에는 군 복무 기간만큼 최대 6년까지 당시 나이에서 빼고 나이 계산을 한다. 창업일은 개인은 사업자등록을 한 날이고, 법인은 법인설립등기일이 창업일이다.

세 번째, 세액감면을 받을 수 있는 업종이어야 한다. SNS 마켓 사업자는 통신판매업(업종코드:525104)에 해당하여 감면 대상 업종이다.

또한 감면율은 창업을 어디에서 했느냐에 따라서 달라진다. 수도권 과밀억제권역 외에서 창업한 경우 창업일로부터 5년간 100% 감면받고, 수도권 과밀억제권역 내에서 창업한 경우 창업일로부터 5년간 50% 감면받게 된다. 세액감면 혜택을 받기 위해서는 감면조건에 해당하는지 꼼꼼히 살펴봐야 한다. 소득세를 100% 감면받을 수 있는데 모르고 지나가는 일은 없어야 한다.

※수도권 과밀억제권역

-서울특별시

-인천광역시(옹진군, 강화군, 서군 대곡동, 마전동, 오류동, 금곡동, 왕길동, 당하동, 원동, 인천 경제자유구역 및 남동국가산업단지는 제외)

-의정부시, 구리시, 하남시, 고양시, 수원시, 성남시, 안양시, 광명시, 부천시, 과천시, 군포시, 시흥시(반월 특수지역 제외)

-남양주시(가운동, 금곡동, 도농동, 수석동, 이패동, 일패동, 지금동, 평내동, 호평동)

구 분	수도권 과밀억제권역 내	수도권 과밀억제권역 외
청년 창업중소기업	5년 50% 감면	5년 100% 감면
생계형 창업중소기업		
창업중소기업	없음	5년 50% 감면

※생계형 창업기준 완화로 연간 수입금액 8,000만 원 이하인 창업중소기업도 수도권 과밀억제권역 외 창업 시 5년 100%, 과밀억제권역 내 창업 시 5년 50% 감면 적용

※감면 대상 업종

1. 광업
2. 제조업
3. 수도, 하수 및 폐기물 처리, 원료 재생업
4. 건설업
5. 통신판매업
6. 물류산업(비디오물 감상실 제외)
7. 음식점업
8. 정보통신업(비디오물 감상실 운영업, 뉴스제공업, 블록체인 기반 암호화 자산 매매 및 중개업 제외)
9. 금융 및 보험업 중 정보통신을 활용하여 금융서비스를 제공하는 업종
10. 전문, 과학 및 기술 서비스업(엔지니어링사업 포함, 변호사업 등 일부 업종 제외)
11. 사업시설 관리 및 조경 서비스업, 사업 지원 서비스업 해당하는 업종
12. 사회복지 서비스업
13. 예술, 스포츠 및 여가 관련 서비스업(자영예술가, 오락장 운영업 등 일부 업종 제외)
14. 개인 및 소비 용품 수리업, 이용 및 미용업
15. 직업 기술 분야 학원 및 훈련시설
16. 관광숙박업, 국제회의업 · 유원시설업 및 관광객이용시설업
17. 노인복지시설 운영업
18. 전시산업

2장

인스타그램(SNS)으로 돈 벌 때, 사업자등록 꼭 해야 할까?

인스타그램 사업자 똑똑하게 사업자등록 하기

사업자등록 전에 세무사와 무엇을 상담해야 할까?

신규로 사업을 개시하는 사업자가 사업자등록 전 세무 상담을 받는 경우는 거의 없다. 필자의 경우에도 사업자가 찾아오는 대부분은 사업자등록 후 세금 신고하기 전이다.

"세금을 얼마나 내야 하나요?"

"세금을 어떻게 하면 줄일 수 있나요?"

안타깝게도 사업자등록부터 잘못해서, 미리 준비하지 못해서 세금을 줄일 수 없는 경우가 많다. 특히 사업자등록 자체를 잘못한 경우가 많다. 사업자등록을 늦게 하거나, 간이사업자로 등록해서 사업 초기 투자금액에 대한 부가세 환급을 못 받거나, 다른 사람 이름으로 사업자등록을 해서 세금 체납으로 고생하는 경우도 있다.

세금은 각각의 신고 기한이 있다. 즉, 세법에서 정해진 일자까지 신고하고 세금 납부도 해야 한다. 사업경영과 세금은 피할 수 없는 관계다. 사업자는 어떻게 하면 매출을 많이 올릴 수 있는지, 어떻게 하면 원가를 줄일 수 있는지 등 사업과 관련해서 많은 고민을 한다. 사업자는 일단 매출이 중요하기 때문이므로 당연하다.

그러나 사업을 경영하면서 만나게 될 세금에 대해서도 알아야 한다. 어떤 세금을 언제, 어떻게 계산해서, 얼마나 내야 하는지 말이다. 알아야 미리 준비할 수 있지만, 미리 준비하지 않으면 절대로 세금을 줄일 수 없다.

사업의 시작은 사업자등록이고, 사업의 끝은 폐업 신고다. 잘못된 시작으로 억울하게 세금을 내는 경우를 많이 보아왔다. 사업자를 등록하기 전에 전문가와 세무 상담을 했다면 막을 수 있었을 것이다.

나는 간이과세자일까? 일반과세자일까?

SNS 마켓 사업자 세금 교육 때 빠지지 않고 나오는 질문이 '간이과세자를 선택할 것인지, 일반과세자를 선택할 것인지'다. 그 질문에 대한 답은 딱 하나다.

"각자 처한 상황에 따라 다르다."

조금 더 현명하게 판단하기 위해서는 간이과세자와 일반과세자의 차이점을 먼저 파악해야 한다. 다른 점을 알아야 나에게 맞는 유형을 선택할 수 있다.

구분	일반과세자	간이과세자
매출세액	공급가액 x 10%	매출금액 x 업종별 부가가치율 x 10%
매입세액 공제	전액 공제	매입세액 x 업종별 부가가치율
세금계산서 발급	발급 가능	발급 불가 (단, 직전년 공급대가 4,800만 원 이상 발급 의무 부과)
환급 여부	환급 가능	환급 불가

처음 시작하는 SNS 마켓 사업자 매출의 대부분은 판매수수료다. 상품을 직접 매입해서 자신의 SNS 채널을 통해 직접 판매하는 경우는 많지 않다. 상품을 홍보해주고 판매되는 매출액의 일정 비율을 판매수수료로 받게 된다. 이 경우 수수료를 지급하는 회사에서는 판매수수료에 대해 세금계산서 발급을 요청하게 된다. 그러나 간이과세자일 경우 세금계산서 발급을 할 수 없다. 세금계산서를 발급하지 못해 첫 거래부터 힘들어지는 경우가 발생할 수도 있다.

물론 간이과세자도 직전 연도 매출액이 4,800만 원 이상이면 세금계산서를 발급할 수 있으나 개업 첫해는 직전 연도 매출액이 없기 때문에 세금계산서를 발행할 수 없다. 매출세액 산출의 차이, 매입세액 공제 여부, 세금계산서 발급 가능 여부, 부가세 환급 등 종합적으로 판단해서 결정해야 한다.

개인이 유리할까? 법인이 유리할까?

"개인사업자로 시작할까요, 법인사업자로 시작할까요?"

"법인으로 시작하면 돈 쓰는 데 불편함이 있다는데, 법인으로 하면 세금이 얼마나 줄어드나요?"

이 역시도 사업을 처음 시작하는 사장님들의 단골 질문으로 답은 유사하다. **"사업자의 상황에 따라 다르다."** 사업자의 업태 · 종목, 매출액, 손익, 설비투자 · 자금조달 계획 등에 따라 달라진다. 개인사업자와 법인사업자의 다른 점을 알아야 올바르게 선택할 수 있다.

개인과 법인의 가장 큰 차이는 세율에 있다. 처음 사업을 시작할 때 대부분 개인사업자로 시작한다. 법인은 매출액이 큰 사업자들만이 한다고 생각한다. 세금은 소득금액(이익)을 기준으로 계산된다. 매출액이 적다고 소득금액도 적은 것은 아니다. 처음 시작하는 SNS 마켓 사업자들의 대부분이 매출이 적다. 그러나 SNS 마켓 사업자 매출액의 대부분이 소득인 경우가 많다. 이때 절세를 위해서라면 처음부터 법인으로 시작하는 것이 유리할 수도 있다.

대부분 사업자는 개인으로 시작해서 매출액이 늘고 이익이 많아져서 세금에 대한 부담이 커지면 법인전환을 검토한다. 처음부터 법인으로 창업하는 것이 유리한 경우도 있다. 나에게 맞는 사업자 유형을 선택하기 위해서는 전문가와의 상담이 필요하다.

동업하면 세금을 줄일 수 있나요?

동업은 투자와 수익을 일정한 분배 비율에 따라 나누게 된다. 사업 초기 투자금에 대한 부담과 경영에 대한 위험을 분산시키는 긍정적인 효과가 있다. 실질적인 동업일 경우도 있지만 동업을 선택하는 가장 큰 이유는 세금을 줄이기 위한 경우가 많다.

그렇다면 동업을 하면 세금이 줄어들까? 소득세는 소득이 커지면 그만큼 세율이 높아지는 누진율 제도다. 동업을 하게 되면 동업자 수에 따라 소득금액이 줄어들게 되고, 낮은 세율을 적용받아 소득세를 적게 내게 된다.

【공동사업자의 소득세 비교】

갑과 을이 50:50 지분으로 공동사업을 운영하여 2억 원의 소득 발생

▶ 1인 사업일 경우

200,000,000원 × 38% × 19,400,000원(누진공제) = 56,600,000원

▶ 2인 공동사업일 경우

갑 : 100,000,000원 × 35% × 14,900,000원(누진공제) = 20,100,000원
을 : 100,000,000원 × 35% × 14,900,000원(누진공제) = 20,100,000원
합계 : 40,200,000원

ㅁ 절세효과 : 56,600,000원 - 40,200,000원 = 16,400,000원

면세사업자는 부가가치세 신고를 하지 않는다

부가가치세 과세 여부에 따라서 과세사업과 면세사업으로 나뉜다. 과세사업자는 면세사업자를 제외한 모든 사업자를 말하며 부가가치세 납세의무가 있다. 면세사업자는 부가가치세가 면제되는 재화, 용역을 공급하는 사업자로 부가가치세 납세의무가 없다.

부가가치세가 면제되는 재화와 용역은 크게 3가지로 나뉜다. 첫 번째는 기초생활필수품으로 미가공 식료품, 농 · 축 · 수산물 · 임산물, 수돗물 등이 해당된다. 두 번째는 복지와 관련된 의료보건 용역, 교육용역(정부인 인허가 받은 학원 등), 토지, 주택 임대용역이다. 마지막으로 문화와 관련된 도서, 신문, 예술창작품, 문화행사, 도서관, 과학관, 박물관 등의 입장료다.

면세사업자는 부가가치세 신고를 하지 않는다. 따라서 매입 세금계산서를 받더라도 매입세액 공제를 받을 수 없다. 부가세 공제도 못 받는데 매입 세금계산서를 꼭 받아야 하느냐고 많이 묻는다. 사업과 관련해서 비용을 지출하면 정규 증빙을 받아야 비용처리를 할 수 있다. 특히 3만 원 이상 거래는 반드시 적격증빙(세금계산서, 계산서, 신용카드, 직불카드 등)으로 받아야 가산세(미수취 금액의 2%)를 피할 수 있다. 또한, 증빙을 받지 못하면 소득세(미수취 금액의 6%~45%)를 더 내게 된다.

SNS 마켓 사업자 집으로 사업자등록 하기

SNS 마켓 사업자의 경우 대부분 자택 주소로 사업자등록증을 발급받는다. 세무서에 사업자등록증 신청을 하려면 사업자등록 신청서와 사업장 임대차계약서가 필요하다. 그러나, 업종에 따라서 별도의 업무공간 없이 자택에서 충분히 사업을 운영할 수 있는 경우에는 임대차계약서 없이도 사업자등록을 발급받을 수 있다.

자가인 아파트, 주택, 오피스텔 등에서 거주하는 SNS 마켓 사업자는 사업자 신청 시 주택임대차계약서 없이 건물등기부등본(건축물대장) 등을 첨부하면 사업자등록증을 쉽게 발급받을 수 있다.

그러나 자택이 자가가 아닌 월세나 전세일 경우는 집주인의 동의가 필요하다. 사업용 목적으로 전대를 허락한다는 전대차계약서와 전대동의서가 필요하다. 집주인의 입장에서는 계약 당시 주거용으로 임대차계약서를 작성했기에 세입자가 용도를 바꾸려 할 때는 집주인의 동의를 구해야 한다.

홈택스에서 SNS 마켓 사업자등록 신청하기

개인 SNS 마켓 사업자등록을 신청할 때 제출해야 하는 서류가 있다. 일반적인 경우 사업자등록신청서, 임대계약서 사본(사업장을 임차한 경우)이 필요하고, 인허가 사업인 경우 허가(등록, 신고)증 사본 등이 필요하다.

SNS 마켓 사업자의 경우 대부분 개인 자택에서 사업을 시작한다. 따라서 임대차계약서는 필요 없다. 홈택스에서 사업자등록을 신청하기 위해서는 홈택스에 공인인증서로 로그인해야 한다.

1. 홈택스 공인인증서 로그인 (www.hometax.go.kr)

www.hometax.go.kr
국세청 홈택스

2. 신청/제출 → 사업자등록 신청/정정 등 클릭!

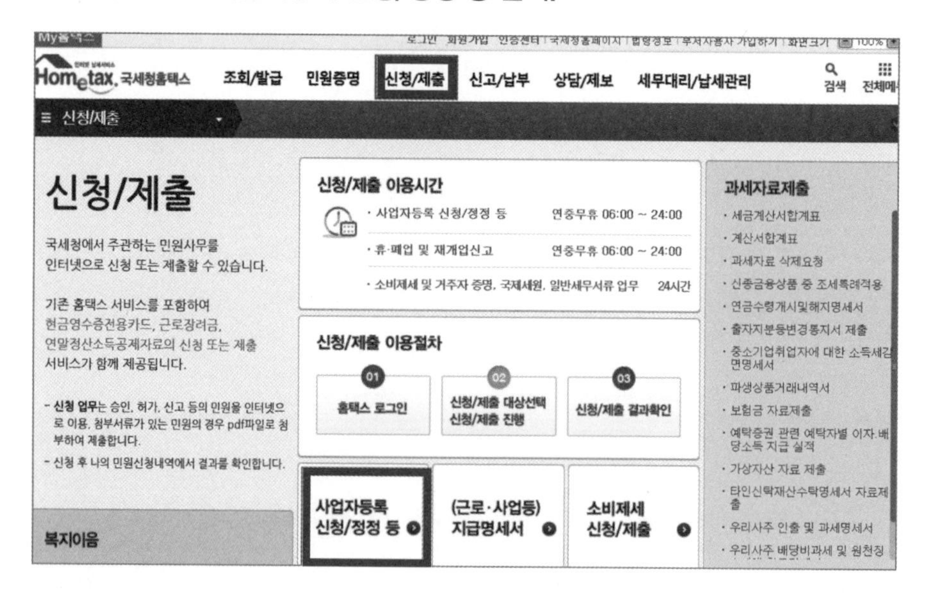

3. (개인)사업자등록 신청 클릭!

4. 기본정보 입력 → 사업장(단체) 소재지 입력

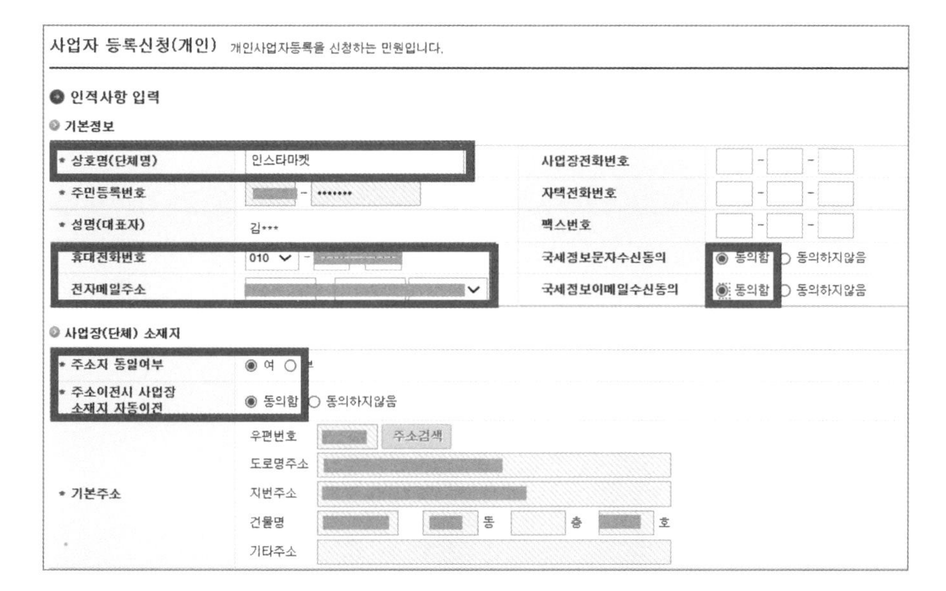

5. [업종 입력/수정] 클릭!

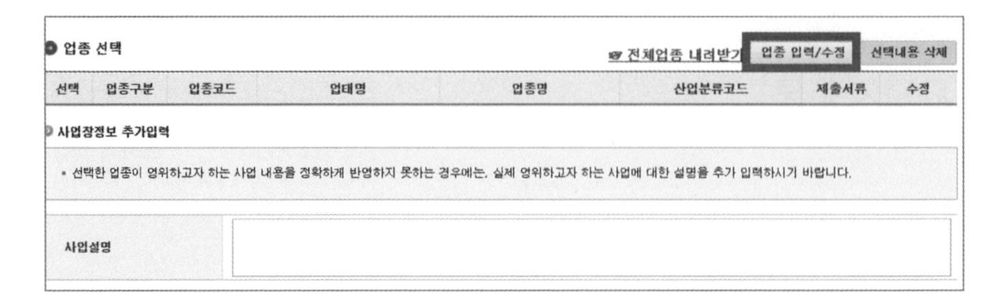

6. 선택 클릭!

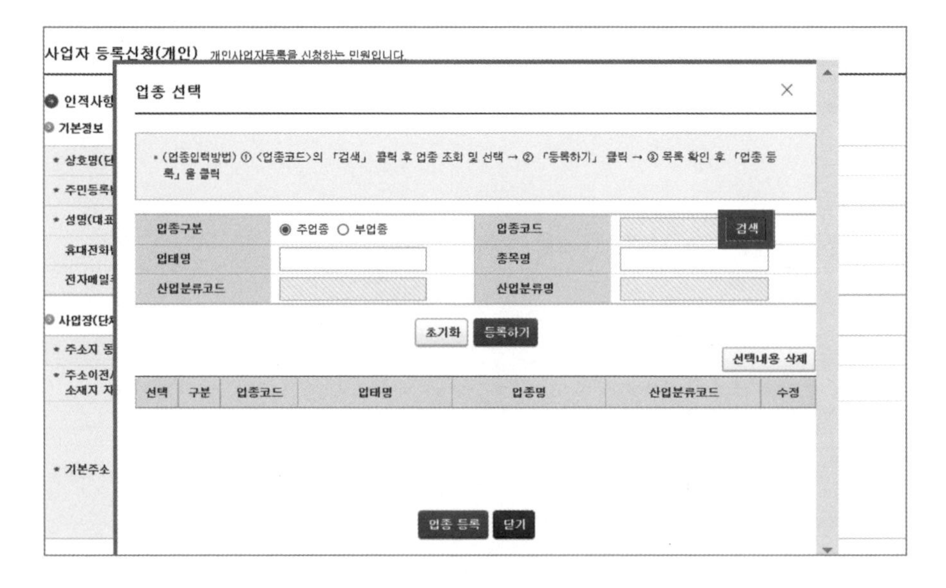

7. [업종코드 525104] 입력하고 [조회하기] 클릭 → 확인 클릭!

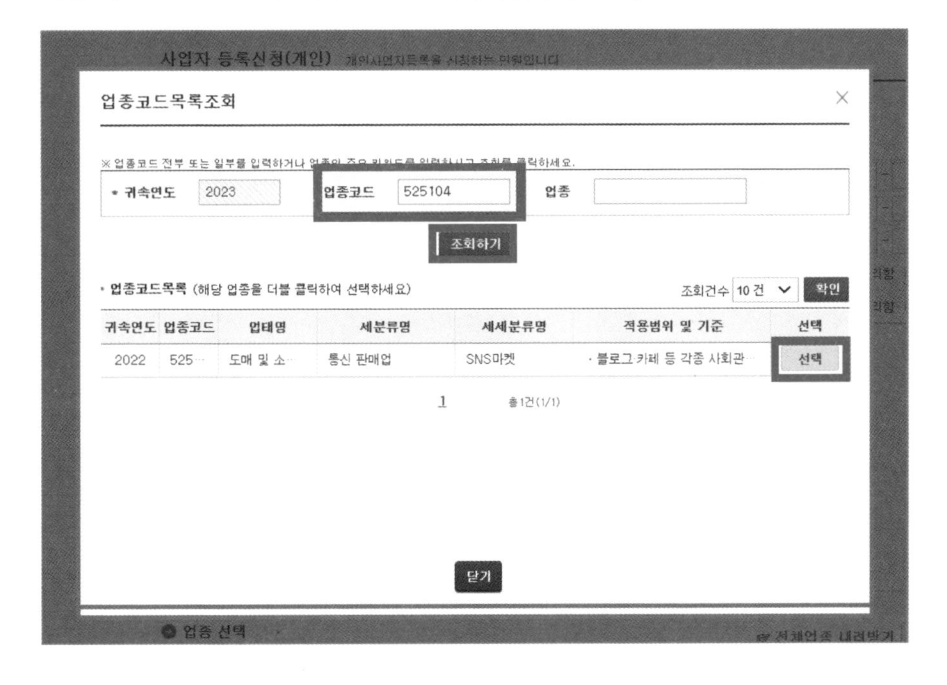

8. [47911, 전자상거래 소매 중개업] 선택 클릭!

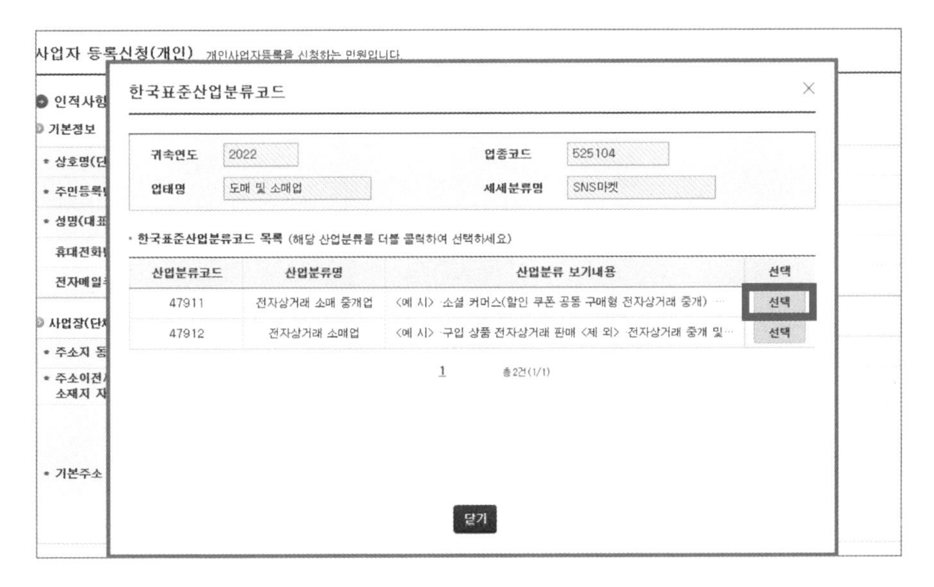

9. 업종 선택에서 [등록하기] 클릭!

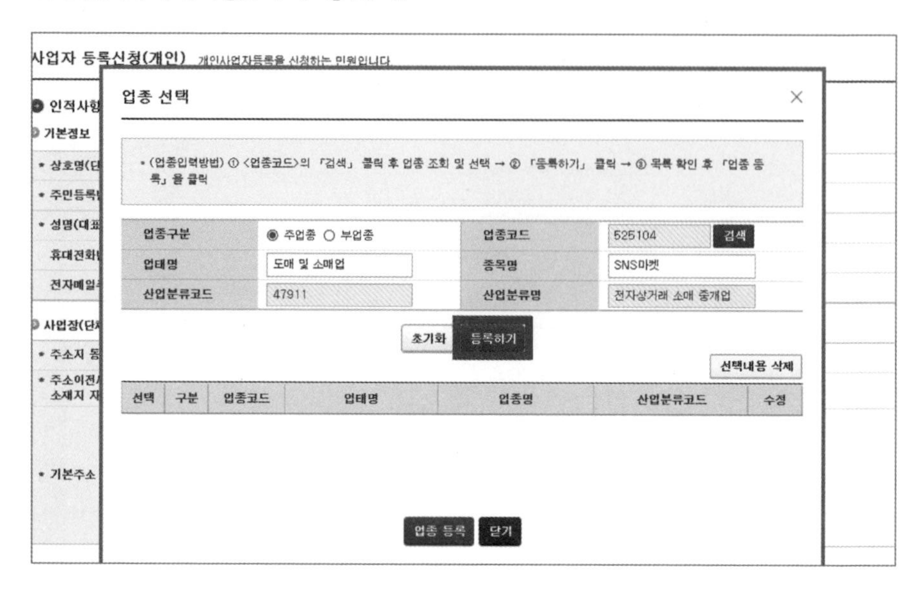

10. 업종 선택에서 선택 체크 후 [업체 등록] 클릭!

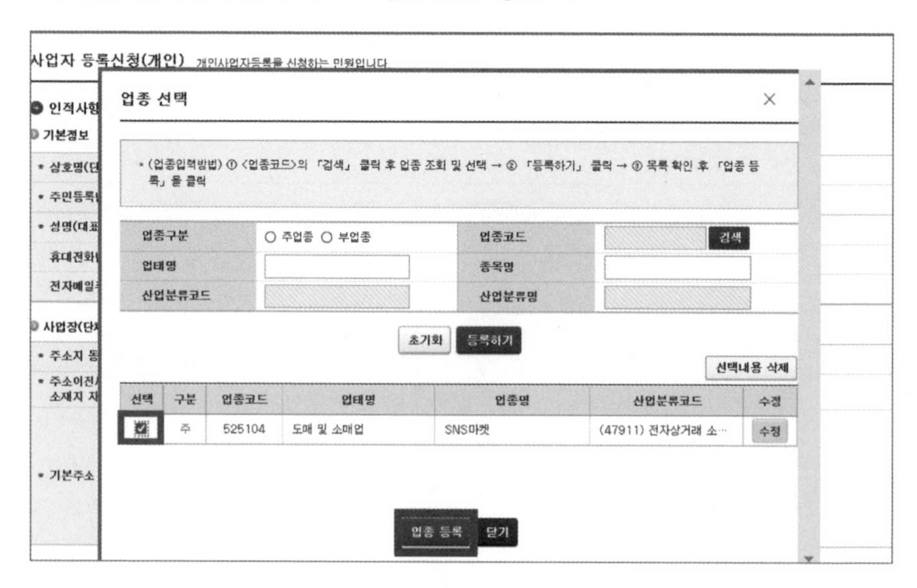

11. 사업설명란에 사업내용 간략히 기재

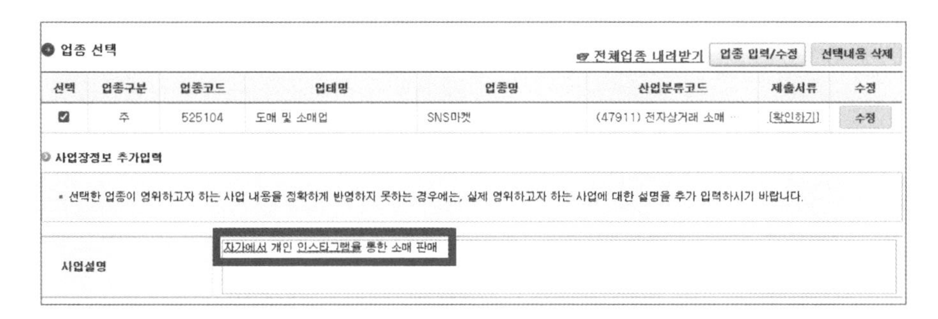

12. 개업일자 입력(자기자금은 자유롭게 기재) → [사업자 유형 선택(일반, 간이)]이 중요!

13. 저장 후 다음 클릭!

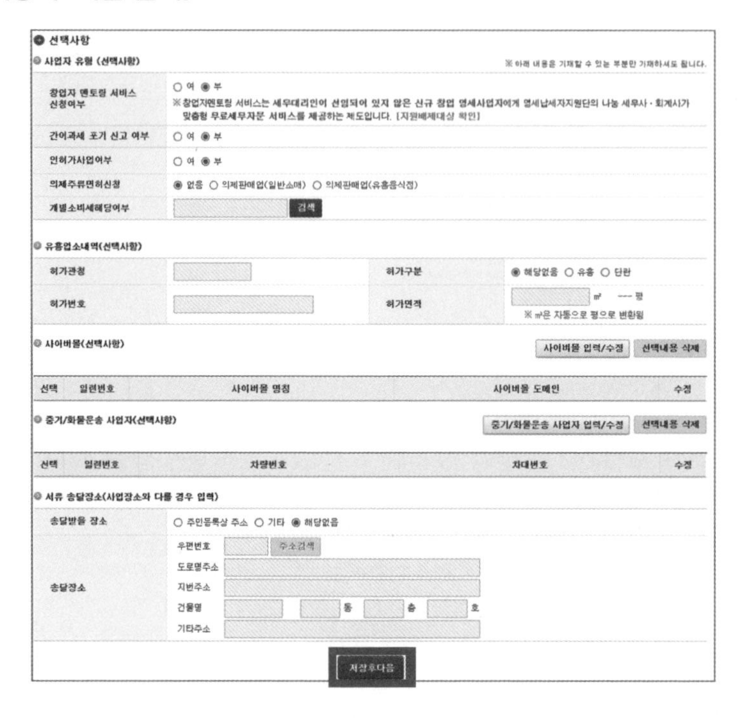

14. 다음 클릭!

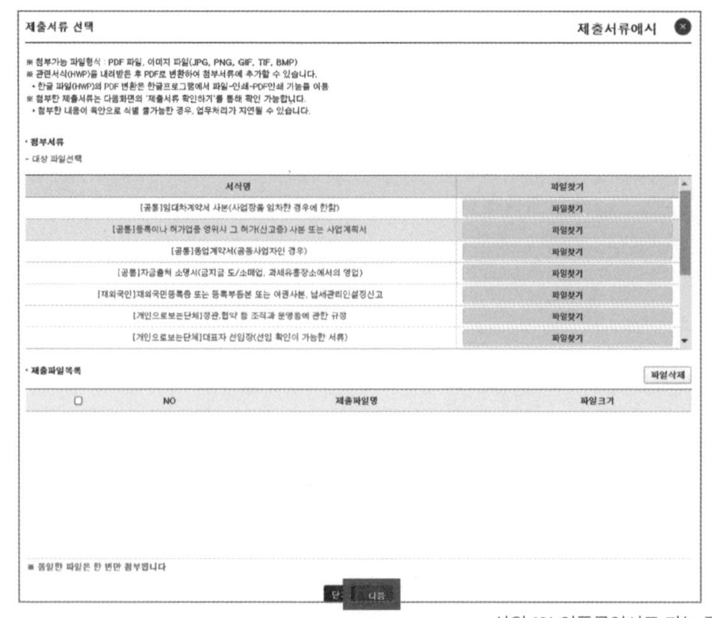

15. 증빙서류 첨부 안내에서 다음 클릭!

16. 최종 확인에서 '확인하였습니다' 클릭 → 제출서류 확인하기 → 신청서 제출하기 클릭!

17. 인터넷 접수 목록조회 : 신청 서류 접수 확인 조회 및 처리상태 조회 가능

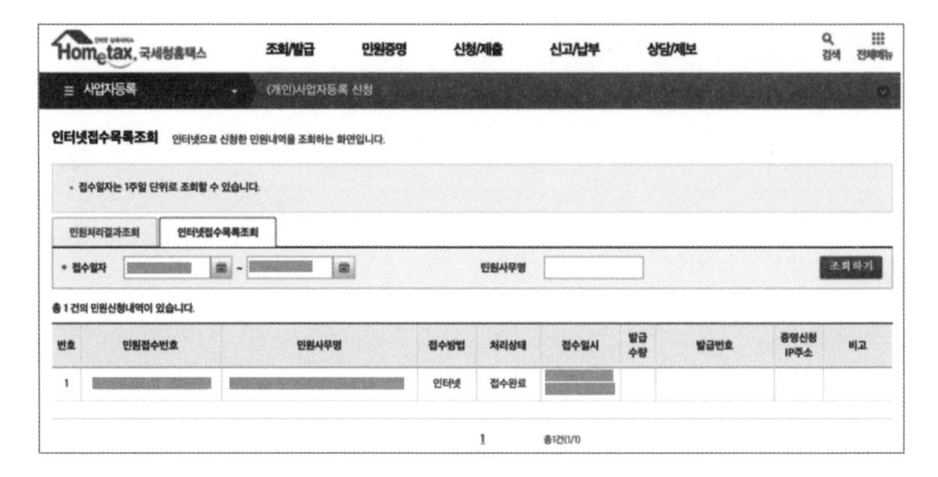

사업자등록 후 꼭 해야 하는 5가지

꼭 신청해야 하는 홈택스 메뉴가 있다

홈택스는 국세청이 각종 세금 신고와 납부, 민원증명발급 등 세무 업무를 납세자가 세무서를 방문하지 않고 비대면으로 간편하게 처리할 수 있는 인터넷 서비스다. 2022년 4월 누적 가입자 수가 3천만 명이 넘었다. 홈택스 서비스는 총 784종에 달한다. 784개의 홈택스 서비스 중 꼭 알아야 하는 서비스가 있다. 세금은 아는 만큼 줄인다고 한다. 절세를 위해 꼭 알아야 하는 홈택스 서비스, 그중에서 꼭 신청해야 하는 게 있다.

홈택스 가입과 동시에 사업자에게 꼭 등록하라고 알려주는 메뉴는 다음과 같다.

① **사업용 신용카드 등록 :** 개인사업자가 사업과 관련하여 사용한 신용카드를 등록하면 부가세 신고 때 편리하게 매입세액공제 여부를 확인하여 부가세를 줄일 수 있다.

② **사업장별 사업용 계좌 등록 :** 복식부기 의무자는 사업장별로 사업용으로 사용하는 계좌를 국세청에 신고하여야 한다. 미신고 시에는 가산세 부과 및 세액감면을 받을 수 없게 된다. 복식부기 의무자는 업종별로 기준이 다르다. 필자의 경우 복식부기 의무자가 아니더라도 사업용 계좌를 등록시킨다. 미리 등록하면 의무 가입 대상이 언제 될지 걱정하지 않아도 된다. 사업용 계좌를 제때 등록하지 못해 감면배제와 가산세 등 세무상 불이익을 받는 일은 없어야겠다.

③ **현금영수증 발급수단 등록 :** 현금영수증을 발급받을 때 사용할 휴대전화번호와 카드번호를 등록해야 만 영수증 사용 내역이 자동으로 집계되어 부가세 신고와 소득세 신고 때 빠짐없이 적용받아 세금을 줄일 수 있다.

④ **전자세금계산서 발급 :** 금융기관에서 사업자등록번호로 발급받은 공동인증서로 홈택스에 로그인하면 편리하게 전자세금계산서를 발급할 수 있다.

⑤ **현금영수증 발급 :** 사업과 관련하여 재화 · 용역을 공급하고 현금으로 받은 경우 현금영수증 발급을 요청하면 발급해야 한다. SNS 마켓 사업자의 경우 거래금액이 10만 원 이상일 경우 소비자가 발급을 요청하지 않더라도 현금영수증을 의무적으로 발급해야 한다. 미발급 시 미발급 금액의 20%('19.1.1. 이후)를 가산세로 납부해야 한다.

절세의 시작, 홈택스 가입하기

홈택스는 세무서 방문 없이 세금 신고 · 납부, 민원증명 발급, 전자세금계산서 발급 · 조회, 현금영수증 발급 · 조회 등을 편리하게 이용할 수 있다. 홈택스는 회원가입 후 아이디/비밀번호 또는 공인인증서로 로그인 후 이용이 가능하다.

개인은 주민등록번호로 발급된 공동인증서(구 공인인증서), 휴대전화, 신용카드를 통한 본인인증 절차를 거쳐 가입한다. 사업자는 사업자등록번호로 발급받은 공동인증서, 세무서에서 발급받은 전자세금계산서 발급용 보안카드를 통한 인증으로 가입할 수 있다.

1. 홈택스 접속 후 [회원가입] 클릭

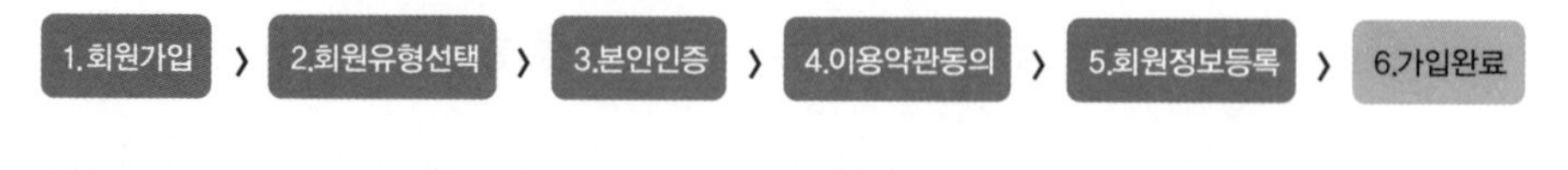

2. [개인] 선택 ➜ [주민등록번호로 회원가입] 클릭

개인사업자는 주민등록번호로 회원 가입하면 개인과 사업자에 대한 업무처리가 가능하다. 그러나, 전자세금계산서 발급 등의 업무처리는 할 수 없다. 전자세금계산서 발행하기 위해서는 금융기관에서 사업자등록번호로 발급받은 전자세금계산서용 인증서가 있어야 한다.

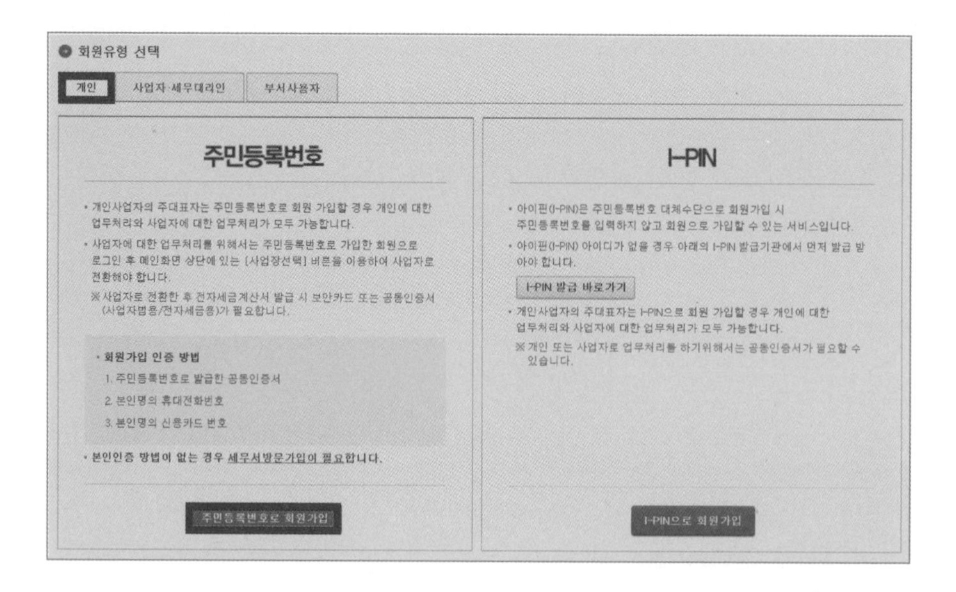

3. 본인인증 [공인인증서] ➜ 성명, 주민등록번호 입력 ➜ [인증하기] 클릭

본인인증은 휴대전화와 신용카드로도 할 수 있지만 가능하면 공동인증서로 하는 것이 편리하다. 공동인증서는 추가적인 확인 절차 없이 간편하게 등록이 가능하다.

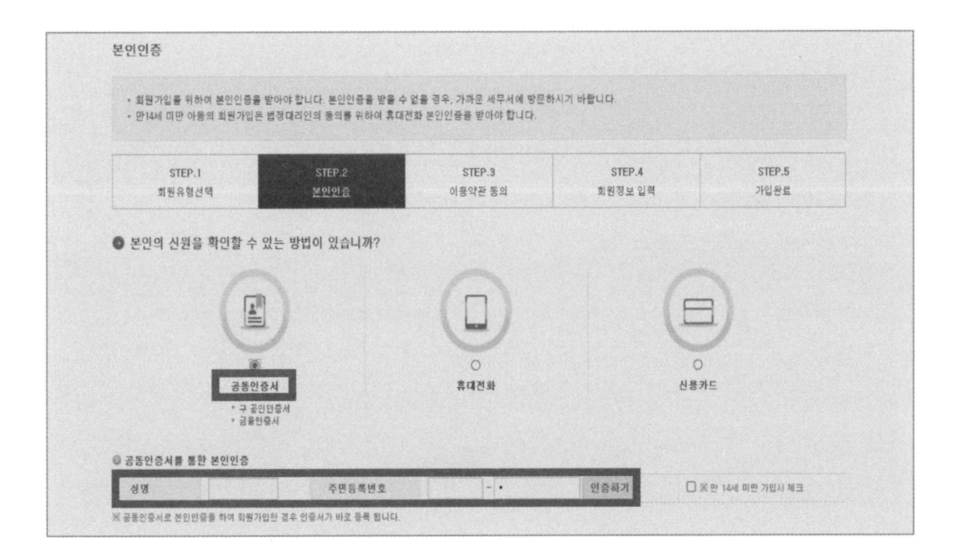

4. 이용약관 동의함 클릭 후 [다음] 클릭

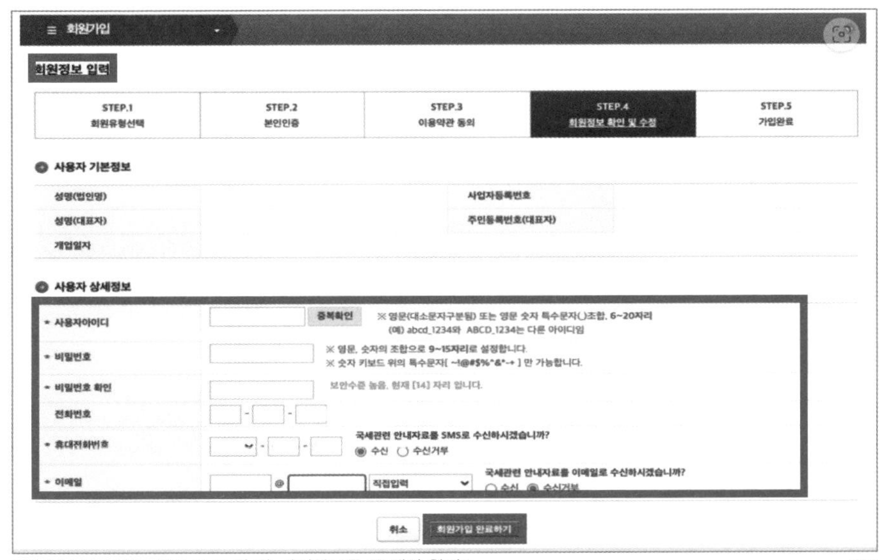

5. 회원정보 입력 ➜ [회원가입 완료하기] 클릭

사용자 상세정보 입력 후 회원가입 완료하기를 클릭하면 홈택스 회원가입이 완료된다.

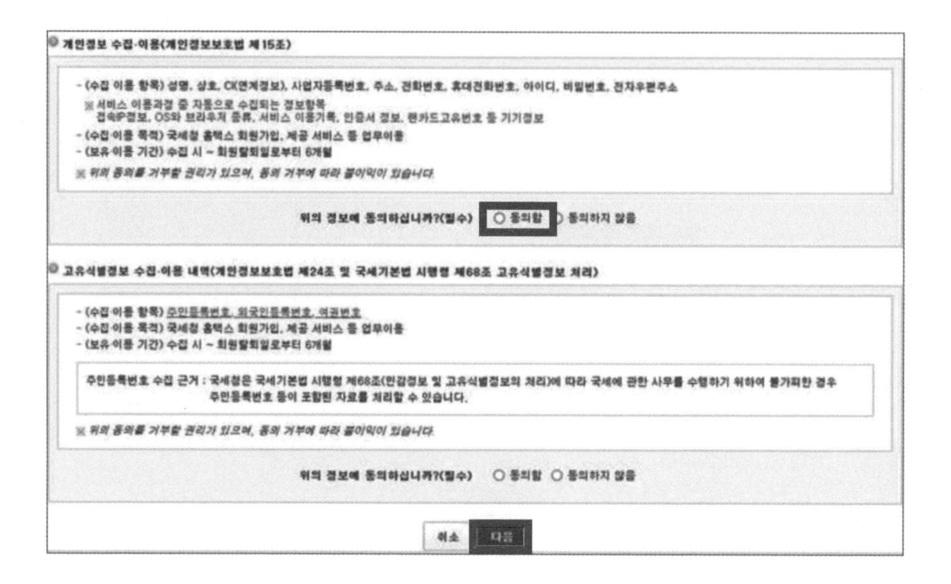

세금 줄여주는 사업용 신용카드 등록하기

홈택스에 사업용 신용카드를 등록하면 부가세와 소득세를 줄일 수 있다. 특히 부가세 신고 때 누락 없이 부가세 매입세액 공제 혜택을 받을 수 있다. 부가세 매입세액 공제를 못 받는다고 하더라도 소득세 신고 때 비용으로 인정받을 수 있다. 따라서 사업용으로 경비를 지출할 경우 홈택스에 등록된 사업용 신용카드로 사용하면 증빙을 챙기지 못해 안 내도 될 세금을 내는 일은 없을 것이다.

사업용 신용카드 등록은 사업자등록 후 바로 해야 한다. 사업용 신용카드 등록을 늦게 하면 등록 전의 거래 내역은 홈택스에서 자동 조회할 수 없다. 이 경우 카드사에 부가세 신고용 자료를 요청해 부가세 매입세액 공제를 받아야 한다.

사업용 신용카드 등록

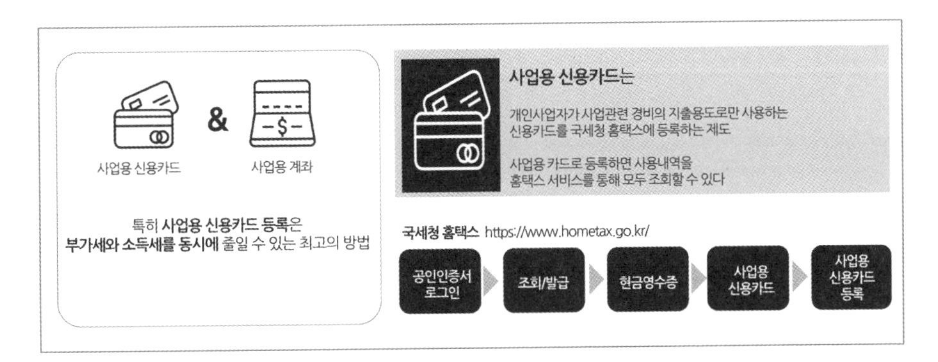

홈택스에 사업용 신용카드 등록하기

1. 홈택스 로그인 ➜ [조회/발급] ➜ [사업용신용카드 등록] 클릭

Hometax. 국세청홈택스
조회/발급 | 민원증명 | 신청/제출 | 신고/납부 | 상담/제보 | 검색 | 전체메뉴

메뉴펼침 기능

전자세금계산서
- 발급
- 목록조회
- 합계표 및 통계조회
- 사용자유형별 조회권한 관리
- 주민번호수취분전환및조회
- 발급보류/예정목록조회
- 메일발송목록 조회 및 재발송
- 수신전용메일 신청
- 제3자 발급사실 조회
- 거래처 및 품목관리
- 기타조회

연말정산

현금영수증
- 현금영수증조회
- 현금영수증 수정
- 현금영수증 발급수단
- 현금영수증 가맹점 가입방법
- 현금영수증 발급

신용카드
- 신용카드/판매(결제)대행매출자료조회
- 사업용신용카드
  - 사업용신용카드 등록
  - 매입세액 공제 확인/변경
  - 매입세액 공제금액 조회
  - 매입내역누계 조회

세금신고납부
- 신고내용확인 진행상황 조회
- 양도소득세 신고도움 서비스
- 양도소득세 종합안내
- 부가가치세매입자납부특례조회
- 부가가치세 신고도움 서비스
- 부가가치세 카드사 대리납부 조회
- 부가가치세 예정고지(부과) 세액조회
- 부가가치세 예정고지(부과) 대상자 조회
- 수출실적명세서 조회
- 증여세 결정정보 조회
- 상속재산 및 사전증여재산 조회 도움 서비스

세금포인트
- 세금포인트 조회
- 세금포인트 혜택
- 세금포인트 할인 쇼핑몰 안내

기타 조회
- 과세유형전환
- 사업용계좌신고현황
- 주류면허상태
- 기준·단순 경비율(업종코드)
- 위원회회의자료
- 과세자료조회
- 납세관리인 위임자 조회
- 반송된 우편고지서 내역

2. 개인신용정보 동의함에 체크 ➜ [사업자등록번호선택] ➜ [사업용카드번호 입력] ➜ [휴대전화번호 입력] ➜ [등록접수하기] 클릭하면 하단 [사업용신용카드 등록내역]에 처리상태가 표시된다.

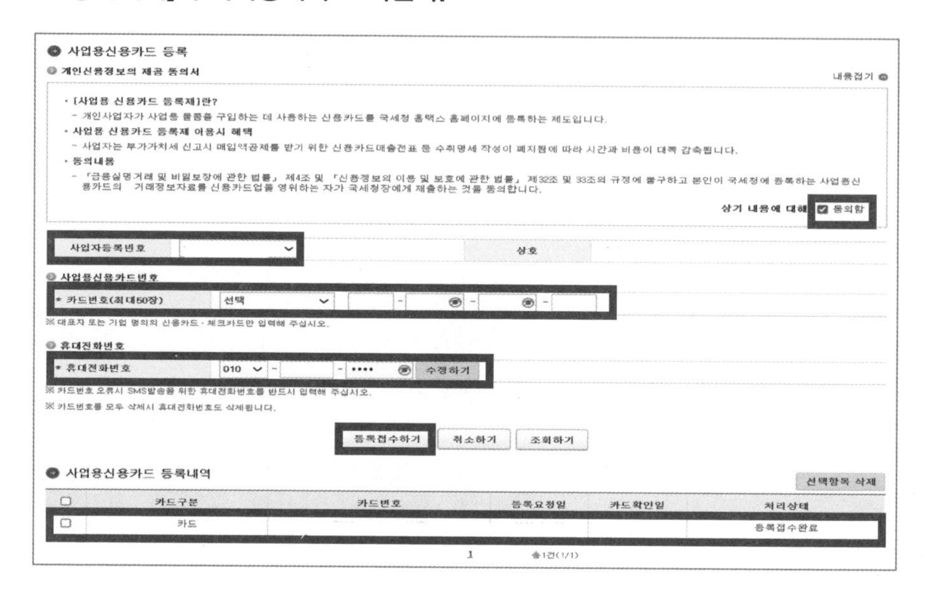

사업용 계좌 누가 등록해야 하나?

SNS 마켓 사업자가 직전 연도 수입금액(매출액)이 3억 원 이상이면 6월 30일(해당 과세기간 개시일부터 6개월 이내)까지 사업장별로 사업장 관할 세무서에 사업용 계좌를 신고해야 한다.

사업용 계좌를 신고하지 않거나, 신고 후 사용하지 않으면 사업용 계좌 미신고, 미사용 가산세를 내야 한다. 또한 복식부기 의무자가 사업용 계좌를 신고하지 않아 사업용 계좌가 없으면 각종 세액감면을 받을 수 없어 세금을 더 내게 된다.

신규 SNS 마켓 사업자의 경우 간편장부 대상자로서 사업용 계좌를 신고하지 않아도 된다. 그러나 복식부기 의무자로 전환되는 시점을 놓쳐 세무상 불이익을 받는 일이 없도록 미리 등록하는 게 좋다.

① 미신고 가산세 : 미신고 기간 수입금액 × 2/1,000과
미신고 기간 거래금액 × 2/1,000 중 큰 금액

② 미사용 가산세 : 사업용 계좌를 사용하지 아니한 금액 × 2/1,000

※ 복식부기 의무자는 직전 연도의 수입금액을 기준으로 판단한다.

업종별	수입금액(직전 연도 기준)
① 농업 · 임업 및 어업, 광업, **도매 및 소매업(SNS 마켓)**, 부동산매매업 등, 기타 아래 ②, ③에 해당하지 아니하는 사업	3억 원 이상자
② **제조업, 숙박 및 음식점업**, 전기 · 가스 · 증기 및 수도 사업, 건설 업, 운수업, 방송 · 통신 및 정보서비스업, 금융 및 보험업 등	1억 5천만 원 이상자
③ **부동산임대업**, 기술서비스업, 사업지원서비스업, **교육서비스업**, 보건 및 사회복지서비스업, 예술 · 스포츠 및 여가 관련 서비스업, 협회 및 단체, 수리 및 기타 개인서비스업, 가구 내 고용 활용 등	7천 5백만 원 이상자

사업용 계좌 자주 하는 질문?

사업용 계좌 신고와 사용에 관해서 자주 받는 질문을 다음과 같이 정리해봤다.

Q. 사업용 계좌를 신고, 사용하지 않으면 세무조사 받나요?

A. 사업용 계좌를 신고하지 않거나, 사용하지 않은 경우 세무조사 대상에 선정될 수 있다. 특히 세무조사 과정에서 미사용 금액이 발견되면 미사용 거래금액의 0.2% 가산세가 부과된다.

Q. 사업용 계좌를 사용해야 하는 거래는 어떤 것이 있나요?

A. ① 매출, 매입 관련 거래대금을 금융기관을 통해 받거나 지급할 때
② 신용카드 매출 대금을 받거나, 신용카드 사용액을 지급할 때
③ 인건비, 임차료 등 비용을 지급하거나 받을 때

Q. 사업용 계좌에 사업과 무관한 개인 거래를 해도 되나요?

A. 사업용 계좌를 사적인 용도로 사용해도 세무상 문제는 없다. 그러나 사업용 계좌는 사업용과 가계용으로 분하여 사업과 관련한 거래는 사업용 계좌를 사용하도록 하는 제도다. 따라서 개인적인 거래 내역으로 과세당국에 불필요한 오해를 사는 일은 없어야겠다.

Q. 사업자등록을 하지 않는 프리랜서도 사업용 계좌를 신고해야 하나요?

A. 사업자등록을 하지 않고 판매대금에 대한 수수료를 받고 사업소득으로 3.3% 원천징수를 하는 사업소득자도 복식부기 의무자에 해당하면 주민등록번호로 사업용 계좌를 신고해야 한다.

Q. 프리랜서 수입금액이 7천 5백만 원 이상이면 사업용 계좌 신고해야 하나요?

A. 인적용역을 제공하는 프리랜서의 경우 직전 연도 수입금액이 7천 5백만 원 이상이면 복식부기 의무자에 해당한다. 따라서, 2022년 프리랜서의 수입금액이 7천 5백만 원 이상이면 2023년 6월 30일까지 사업용 계좌를 세무서에 신고해야 한다.

Q. 사업용 계좌는 몇 개나 신고해야 하나요?

A. 사업용 계좌는 사업장별로 2개 이상 신고할 수 있다. 일회성으로 사용하더라도 꼭 신고해야 가산세를 피할 수 있다.

Q. 1개의 계좌로 2개의 사업장에 사업용 계좌로 신고할 수 있나?

A. 신고할 수 있다. 그러나 1개의 사업장에만 신고하면 안 된다. 2개 사업장 모두 각각 사업용 계좌를 신고해야 한다.

홈택스에 사업용 계좌 등록하기

사업용 계좌 신고 대상자가 사업용 계좌를 신고하지 않으면 세액감면을 받지 못하고, 가산세 등 세무상 불이익을 받게 된다. 사업용 계좌 신고 기한은 6월 30일까지다.

1.홈택스 로그인 ➜ [신청/제출] ➜ [사업용(공익법인용)계좌 개설관리] 클릭

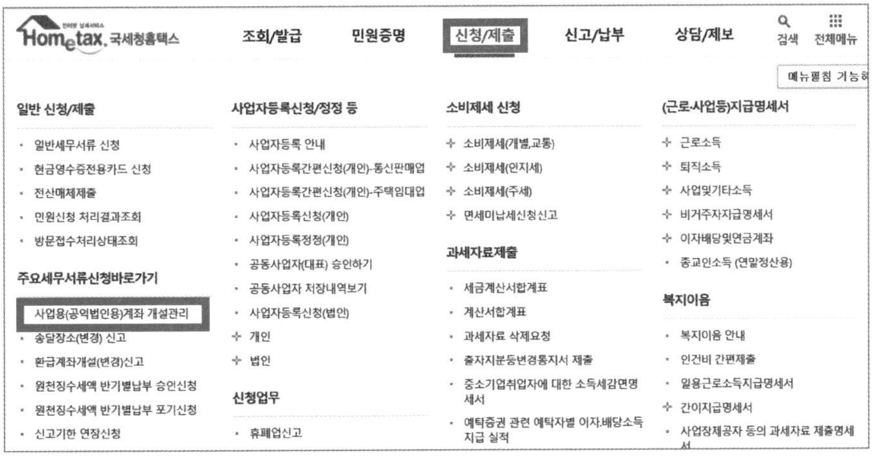

Hometax. 국세청홈택스 조회/발급 민원증명 신청/제출 신고/납부 상담/제보 검색 전체메뉴

메뉴펼침 기능해

일반 신청/제출
- 일반세무서류 신청
- 현금영수증전용카드 신청
- 전산매체제출
- 민원신청 처리결과조회
- 방문접수처리상태조회

주요세무서류신청바로가기
- 사업용(공익법인용)계좌 개설관리
- 송달장소(변경) 신고
- 환급계좌개설(변경)신고
- 원천징수세액 반기별납부 승인신청
- 원천징수세액 반기별납부 포기신청
- 신고기한 연장신청

사업자등록신청/정정 등
- 사업자등록 안내
- 사업자등록간편신청(개인)-통신판매업
- 사업자등록간편신청(개인)-주택임대업
- 사업자등록신청(개인)
- 사업자등록정정(개인)
- 공동사업자(대표) 승인하기
- 공동사업자 저장내역보기
- 사업자등록신청(법인)
- 개인
- 법인

신청업무
- 휴폐업신고

소비제세 신청
- 소비제세(개별,교통)
- 소비제세(인지세)
- 소비제세(주세)
- 면세미납세신청신고

과세자료제출
- 세금계산서합계표
- 계산서합계표
- 과세자료 삭제요청
- 출자지분등변경통지서 제출
- 중소기업취업자에 대한 소득세감면명세서
- 예탁증권 관련 예탁자별 이자.배당소득 지급 실적

(근로·사업등)지급명세서
- 근로소득
- 퇴직소득
- 사업및기타소득
- 비거주자지급명세서
- 이자배당및연금계좌
- 종교인소득 (연말정산용)

복지이음
- 복지이음 안내
- 인건비 간편제출
- 일용근로소득지급명세서
- 간이지급명세서
- 사업장제공자 등의 과세자료 제출명세서

2. [기본 인적 사항] 입력 ➜ [계좌번호 입력] ➜ [조회하기] ➜ [신청하기] 클릭

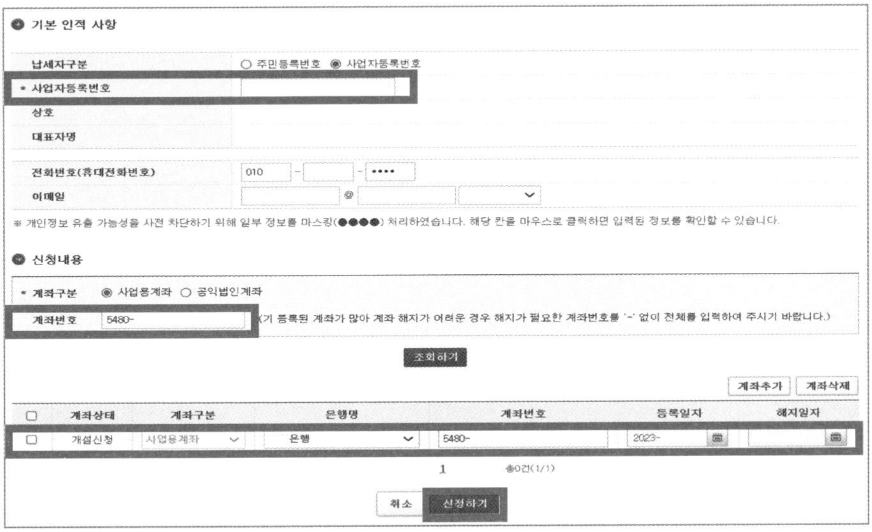

기본 인적 사항

납세자구분	○ 주민등록번호 ◉ 사업자등록번호
* 사업자등록번호	
상호	
대표자명	
전화번호(휴대전화번호)	010 - - ••••
이메일	@

※ 개인정보 유출 가능성을 사전 차단하기 위해 일부 정보를 마스킹(●●●●) 처리하였습니다. 해당 칸을 마우스로 클릭하면 입력된 정보를 확인할 수 있습니다.

신청내용

* 계좌구분	◉ 사업용계좌 ○ 공익법인계좌
계좌번호	5480- (기 등록된 계좌가 많아 계좌 해지가 어려운 경우 해지가 필요한 계좌번호를 '-' 없이 전체를 입력하여 주시기 바랍니다.)

조회하기

계좌추가 계좌삭제

☐	계좌상태	계좌구분	은행명	계좌번호	등록일자	해지일자
☐	개설신청	사업용계좌	은행	5480-	2023-	

1 총0건(1/1)

취소 신청하기

03

홈택스에서 전자세금계산서와 현금영수증 발행하기

전자세금계산서, 모르면 가산세 낸다!

전자세금계산서는 세무 거래 투명성과 납세협력비용 절감을 위해 2010년도부터 시행되었다. 전자세금계산서를 발급하면 국세청에 즉시 전송되어 자료상 거래를 조기에 차단할 수 있게 되었다. 또한, 종이 세금계산서로 발행 시 송달 · 신고 · 보관에 따른 시간 등 경제적 비용을 절감할 수 있다.

전자세금계산서를 무조건 발급해야 하는 발급 의무대상자 조건이 있다. 법인사업자는 2011년 1월부터 발급 의무가 됐다. 개인사업자는 직전 연도의 사업장별 과세, 면세 공급가액 합계액이 2023년 7월부터 1억 원 이상이면 전자세금계산서를 의무적으로 발급해야 한다.

※전자세금계산서 발급 의무 시행 연혁

시행 연월	내용
2010. 1	전자세금계산서 제도 도입
2011. 1	법인사업자 발급 의무화
2012. 1	직전 연도 공급가액 10억 원 이상 개인사업자 발급 의무화
2014. 7	직전 연도 공급가액 3억 원 이상 개인사업자 발급 의무화
2019. 7	직전 연도 과세분과 면세분 공급가액의 합계액 3억 원 이상 개인사업자 발급 의무화
2022. 7	직전 연도 과세분과 면세분 공급가액의 합계액 2억 원 이상 개인사업자 발급 의무화
2023. 7	직전 연도 과세분과 면세분 공급가액의 합계액 1억 원 이상 개인사업자 발급 의무화

전자세금계산서는 재화나 용역을 공급한 날에 발급해야 한다. 단, 거래가 반복적으로 발생하면 월 마감해서 다음 달 10일까지 발급할 수 있다.

국세청은 2022년 7월 1일 이후 재화 · 용역을 공급하는 분부터 전자세금계산서 발급세액공제를 해준다. 직전 연도 공급가액이 3억 원 미만인 개인사업자가 전자세금계산서를 발급하면 건당 200원, 연간 1백만 원 한도로 전자세금계산서 발급세액공제를 해준다. 전자세금계산서를 발급하지 않으면 다음과 같은 가산세를 납부하게 된다. 가산세를 내는 사업자의 대부분은 발급 시기를 놓친 경우가 많다. 대부분 1인 3역을 하다 보니 업무가 많아 제때 챙기지 못해서다. 매월 말에 한 달의 실적을 마감하는 시간을 통해 놓치는 일이 없어야 한다.

구분		내용	발급자	수취자
발급	사실과 다름	계산서 필요적 기재 사항의 전부(일부)가 기재되지 않거나 사실과 다르게 기재	1%	–
	미발급	발급 시기가 지난 후 과세기간(사업연도) 말의 다음 달 25일까지 계산서를 발급하지 아니한 경우	2%	–
	지연 발급	발급 시기가 지난 후 과세기간(사업연도) 말의 다음 달 25일까지 계산서를 발급한 경우	1%	–
	허위 등	재화 또는 용역을 공급하지(공급받지) 않고 계산서 발급(발급받음) 재화 또는 용역을 공급하고(공급받고) 타인 명의로 계산서를 발급(발급받음)	2%	2%
	종이발급	발급 시기에 전자계산서 외의 계산서 발급	1%	–

전자세금계산서, 어떻게 발급하나요?

홈택스에서 전자세금계산서를 발급하기 위해서는 사업자 범용 인증서나 전자세금계산서 발급용 인증서가 필요하다. 공인인증서 발급이 어려운 경우 전자세금계산서 발급용 보안카드를 세무서에서 발급받으면 된다.

2021년 12월부터 모바일 홈택스(손택스)에서는 지문 인증을 통하여 편리하게 발급할 수 있다. 전자세금계산서는 2023년 7월 1부터 직전 연도 공급가액(과세+면세) 합계 1억 원 이상이면 의무 발급해야 한다. 따라서 2022년 과세, 면세 매출액이 1억 원 이상이면 2023년 7월부터는 전자세금계산서로 발급해야 한다.

1. [전자세금계산서 발급용 인증서]로 로그인 ➜ [발급/조회] ➜ 전자세금계산서에서 [발급] ➜ [건별발급] 클릭

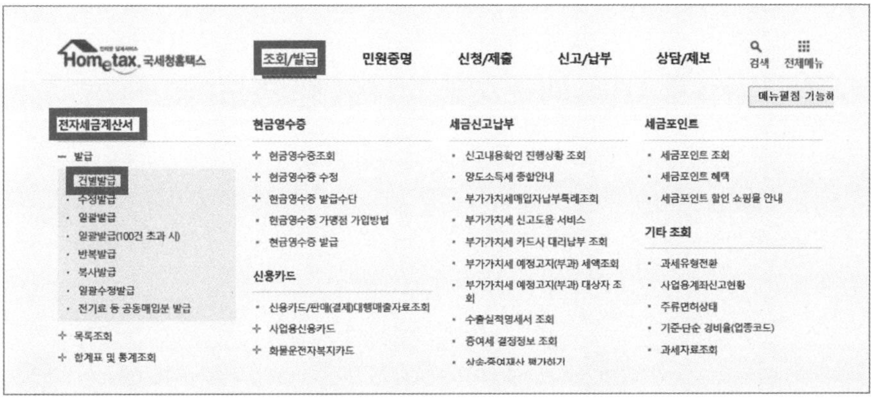

Hometax. 국세청홈택스
조회/발급 민원증명 신청/제출 신고/납부 상담/제보 검색 전체메뉴
메뉴펼침 기능해

전자세금계산서
- 발급
· 건별발급
· 수정발급
· 일괄발급
· 일괄발급(100건 초과 시)
· 반복발급
· 복사발급
· 일괄수정발급
· 전기료 등 공동매입분 발급
+ 목록조회
+ 합계표 및 통계조회

현금영수증
+ 현금영수증조회
+ 현금영수증 수정
+ 현금영수증 발급수단
· 현금영수증 가맹점 가입방법
· 현금영수증 발급

신용카드
· 신용카드/판매(결제)대행매출자료조회
+ 사업용신용카드
+ 화물운전자복지카드

세금신고납부
· 신고내용확인 진행상황 조회
· 양도소득세 종합안내
· 부가가치세매입자납부특례조회
· 부가가치세 신고도움 서비스
· 부가가치세 카드사 대리납부 조회
· 부가가치세 예정고지(부과) 세액조회
· 부가가치세 예정고지(부과) 대상자 조회
· 수출실적명세서 조회
· 증여세 결정정보 조회
· 상속·증여재산 평가하기

세금포인트
· 세금포인트 조회
· 세금포인트 혜택
· 세금포인트 할인 쇼핑몰 안내

기타 조회
· 과세유형전환
· 사업용계좌신고현황
· 주류면허상태
· 기준·단순 경비율(업종코드)
· 과세자료조회

2. [공급받는 자 구분]에서 사업자등록번호 선택 ➜ [등록번호]에 사업자등록번호 입력 후 확인 클릭 ➜ 상호, 성명, 이메일 주소 입력

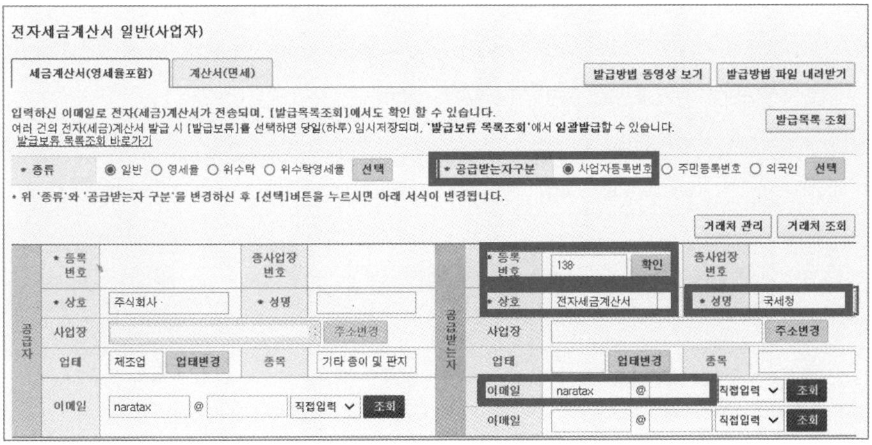

전자세금계산서 일반(사업자)
세금계산서(영세율포함) 계산서(면세) 발급방법 동영상 보기 발급방법 파일 내려받기
입력하신 이메일로 전자(세금)계산서가 전송되며, [발급목록조회]에서도 확인 할 수 있습니다.
여러 건의 전자(세금)계산서 발급 시 [발급보류]를 선택하면 당일(하루) 임시저장되며, '발급보류 목록조회'에서 일괄발급할 수 있습니다.
발급보류 목록조회 바로가기 발급목록 조회
* 종류 ◉ 일반 ○ 영세율 ○ 위수탁 ○ 위수탁영세율 선택 * 공급받는자구분 ◉ 사업자등록번호 ○ 주민등록번호 ○ 외국인 선택
* 위 '종류'와 '공급받는자 구분'을 변경하신 후 [선택]버튼을 누르시면 아래 서식이 변경됩니다.
거래처 관리 거래처 조회

공급자				공급받는자			
* 등록번호		종사업장 번호		* 등록번호	138 확인	종사업장 번호	
* 상호	주식회사	* 성명		* 상호	전자세금계산서	* 성명	국세청
사업장	주소변경			사업장	주소변경		
업태	제조업 업태변경	종목	기타 종이 및 판지	업태	업태변경	종목	
이메일	naratax @ 직접입력 조회			이메일	naratax @ 직접입력 조회		
				이메일	@ 직접입력 조회		

3. [작성일자]는 공급 일자를 입력 (주의, 발급 일자로 입력하면 안 됨)

* 작성일자 | 2023- | ※ 작성일자는 공급 연월일을 의미함 | 비고 | 조회
합계금액 | 공급가액 | 세액

※ 아래 '품목'의 '월'은 상단 '작성일자'의 '월'이 자동 반영됩니다. 합계의 '계산' 버튼은 금액을 공급가액과 세액으로 계산할 수 있습니다.
품목추가 | 품목삭제 | 품목은 최대 16개까지 추가, 삭제 가능 | 거래처품목 관리 | 거래처품목 조회

월	일	품목		규격	수량	단가	합계	공급가액	세액	비고	삭제
01			조회				계산				삭제
			조회				계산				삭제
			조회				계산				삭제
			조회				계산				삭제

4. [날짜, 품목, 수량, 단가] 입력 ➔ [공급가액, 세액 자동계산] 입력 ➔ [발급하기]

(수량, 단가를 입력하지 않고 직접 공급가액에 입력 가능)

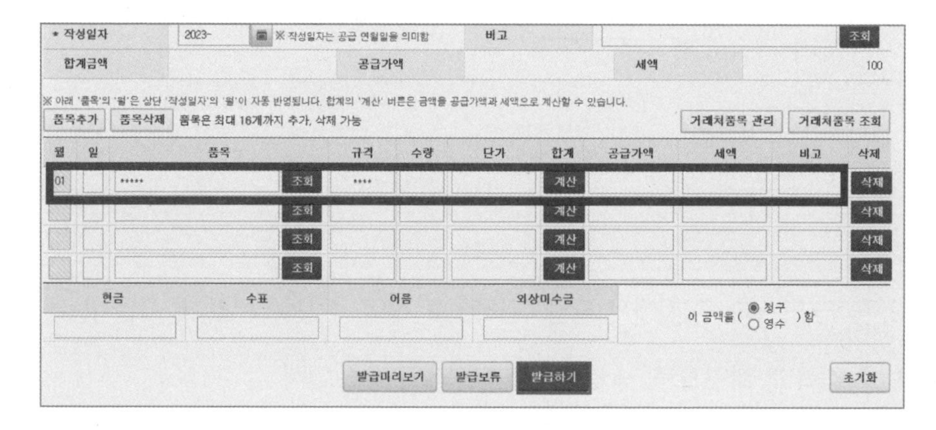

5. [전자세금계산서 발급] 창에서 [확인] 클릭

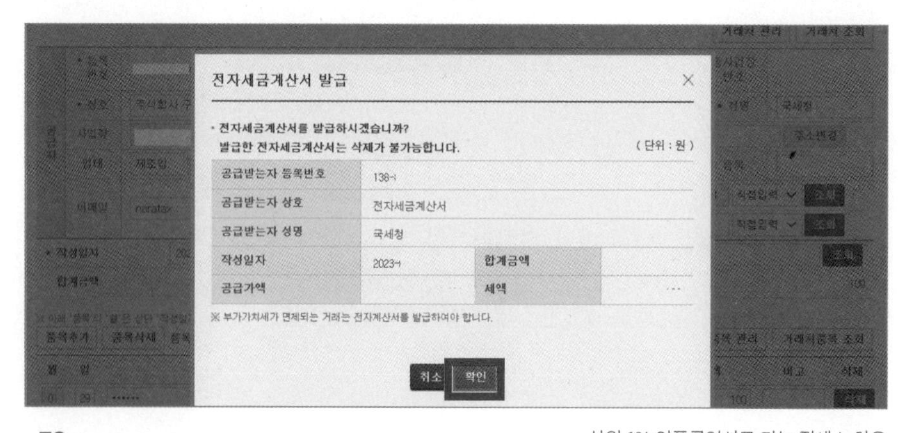

6. [인증서 선택]에서 공인인증 확인 후 [발급하기] 클릭

7. [전자세금계산서]에서 발급 내용 [확인] 클릭

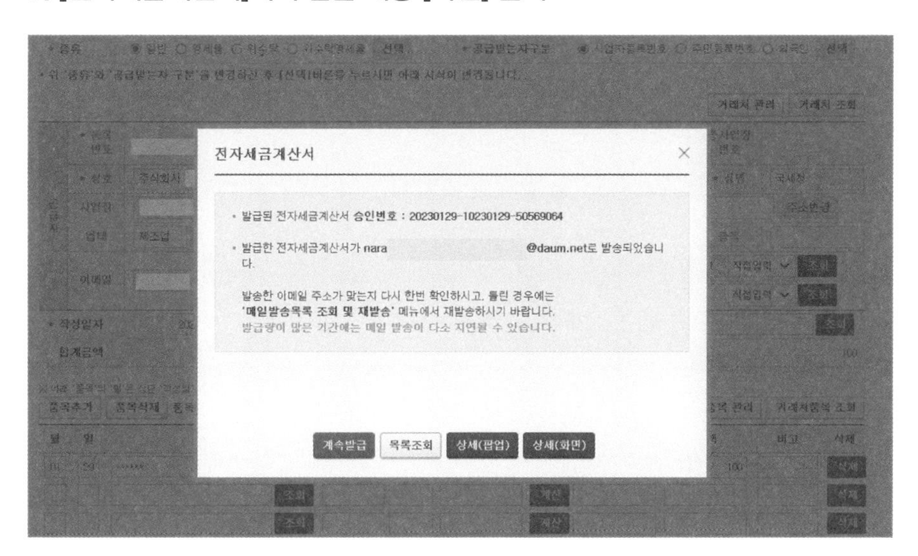

SNS 마켓 사업자 현금영수증 미발급 시 가산세 20%를 내야 한다

"판매대금을 통장으로 받았는데 현금영수증을 꼭 발급해야 하나요?"

"네, 발급해줘야 합니다."

SNS 마켓 사업자는 현금영수증 의무발행업종에 해당한다. 건당 거래금액(부가세 포함)이 10만 원 이상이라면 반드시 현금영수증을 발급해야 한다. 고객이 요구하지 않았더라도 발급해야 한다. 현금영수증을 미발급하게 되면 미발급 금액의 20%를 가산세로 내야 한다.

현금영수증은 국세청 현금영수증 홈페이지에 등록된 카드번호(현금영수증카드, 신용, 직불카드 등)와 휴대전화 번호, 주민등록번호, 사업자번호로 발급이 가능하다. 소비자가 발급을 요청하지 않아 휴대전화 번호 등을 모른다면 국세청 지정 코드(010-000-1234)로 발급할 수 있다. 현금영수증은 현금을 받은 날부터 5일 이내 발급해야 한다.

현금영수증 미발급 사실이 밝혀지면 미발급 가산세 20%만 내면 될까? 그렇지 않다. 부가세, 소득세도 추가로 납부해야 한다. 미발급했다는 것은 부가세 신고에 누락된 것이므로 부가세도 추가로 납부해야 한다. 부가세 신고 누락은 매출 누락을 의미한다. 따라서 소득세 신고도 다시 해야 한다. 즉, 단순하게 현금영수증 미발급 가산세에 끝나지 않고 부가세, 소득세까지도 추징당하게 된다. 현금영수증 미발급 금액만큼 세금을 100% 추징당할 수도 있으니 주의해야 한다.

현금영수증 미발급 신고포상금 200만 원!

현금영수증 의무 발행 가맹점이 현금영수증 미발급 및 발급 거부를 하면 국세청에 신고할 수 있다. 전문직 등 의무 발행업종 사업자가 10만 원 이상 현금거래를 하고 미발급한 경우나, 10만 원 미만의 금액이라도 현금영수증 발급을 거부한 경우 행위가 있는 날부터 5년 이내 신고가 가능하다. 거래 사실을 입증할 수 있는 계약서, 간이영수증 등을 국세청에 신고하면 사실확인 후 동일인에게 연간 200만 원 한도로 신고포상금을 지급해준다.

미발급 / 발급거부 신고포상금

미발급 및 발급거부 금액	지급금액
5천 원 이상 5만 원 이하	1만 원
5만 원 초과 250만 원 이하	미발급 및 발급거부 금액의 100분의 20에 해당하는 금액
250만 원 초과	50만 원

신고 방법

홈택스 : [상담/제보] ➜ [현금영수증 민원신고]

손택스 : [상담/제보] ➜ [현금영수증 미발급/발급거부 신고]

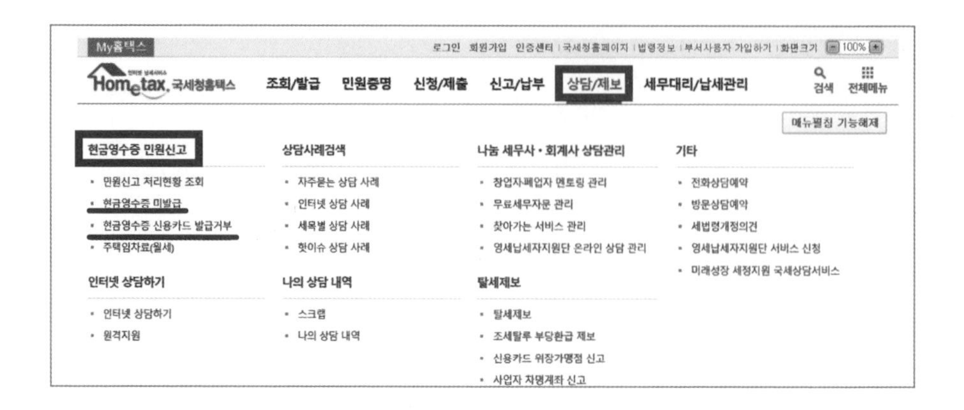

홈택스에 현금영수증 사업자 신청하기

처음 시작하는 SNS 마켓 사업자 중 대부분 신용카드 단말기를 설치하지 않는다. 이처럼 신용카드 단말기를 설치할 수 없는 사업자는 국세청 홈택스에 현금영수증 가맹점으로 가입하면 인터넷으로 현금영수증을 발급할 수 있다.

국세청 홈택스 / 손택스 현금영수증 가입하기

- 홈택스 ➜ 조회/발급 ➜ 현금영수증 ➜ 현금영수증 발급 ➜ 홈택스 발급신청
- 손택스 ➜ 조회/발급 ➜ 현금영수증 ➜ 현금영수증 발급 ➜ 현금영수증 발급신청

현금영수증 홈택스 사업자 신청을 하면 승인 여부를 입력한 가맹점 담당자에게 국세청에서 안내 SMS를 보내준다. SMS 수신 후 홈택스에서

현금영수증을 발급할 수 있다.

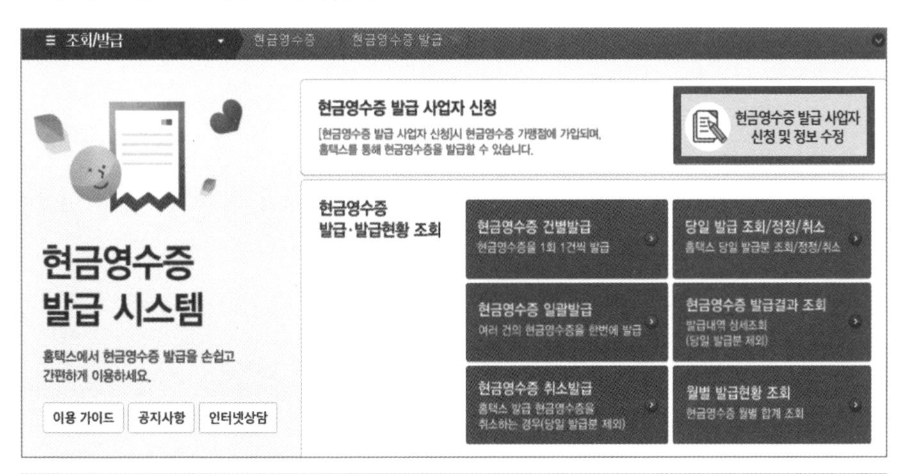

현금영수증 홈택스 발급 사업자 신청 및 정보 수정

- 현금영수증을 발급하고자 하는 사업자(가맹점)가 홈택스를 통해 현금영수증을 발급할 수 있도록 신청하는 화면입니다.
  - 홈택스 현금영수증 발급 시스템과 관련하여 연락 가능한 담당자 정보를 정확하게 입력해주세요.
  - 승인 여부가 처리되면 입력한 가맹점 담당자 연락처로 안내SMS가 발송되고, SMS수신 후 홈택스를 통해 현금영수증을 발급할 수 있습니다.
  - 현금영수증 발급시스템 [현금영수증 건별(일괄)발급] 화면에서 현금영수증 발급이 가능합니다.
  - 기존 신용카드단말기 또는 인터넷현금영수증사업자 등을 통해 가맹점에 가입한 사업자가 아닌 경우 현금영수증 홈택스 발급 사업자 신청 완료 시 현금영수증가맹점에 가입되며 승인문자가 발송됩니다.

가맹점 정보

사업자등록번호		상호	
대표자명		사업장주소	
현금영수증 가맹여부	부	현금영수증 가입일	

가맹점 현금영수증 담당자 정보

사업장 전화번호	031-360-2620		
* 가맹점 담당자명		* 가맹점 담당자 연락처	010 - -

신청하기 발급예인

홈택스에서 현금영수증 발행하기

홈택스를 이용하면 현금영수증을 편리하게 발행할 수 있다. 현금영수증은 현금영수증을 발급받는 사람의 주민등록번호, 사업자번호, 휴대전화번호, 각종 카드번호로 발급할 수 있다. 만약 발급번호를 모른다면 국세청 지정 코드로 자진 발급할 수 있다. 현금영수증은 당일 발급만 가능하다. 거래일자를 수정할 수 없다. 가능하면 매일매일 확인해서 발행하는 게 좋다. 다음은 현금영수증 발행할 때 주의해 할 사항이다.

1. 홈택스 로그인 ➜ [조회/발급] ➜ [현금영수증발급] 클릭

Hometax, 국세청홈택스 조회/발급 민원증명 신청/제출 신고/납부 상담/제보 검색 전체메뉴

메뉴편집 기능해

전자세금계산서
- 발급
· 건별발급
· 수정발급
· 일괄발급
· 일괄발급(100건 초과 시)
· 반복발급
· 복사발급
· 일괄수정발급
· 전기료 등 공동매입분 발급

현금영수증
+ 현금영수증조회
+ 현금영수증 수정
+ 현금영수증 발급수단
· 현금영수증 가맹점 가입방법
현금영수증 발급
신용카드
· 신용카드/판매(결제)대행매출자료조회

세금신고납부
· 신고내용확인 진행상황 조회
· 양도소득세 종합안내
· 부가가치세매입자납부특례조회
· 부가가치세 신고도움 서비스
· 부가가치세 카드사 대리납부 조회
· 부가가치세 예정고지(부과) 세액조회
· 부가가치세 예정고지(부과) 대상자 조회
· 수출실적명세서 조회

세금포인트
· 세금포인트 조회
· 세금포인트 혜택
· 세금포인트 할인 쇼핑몰 안내
기타 조회
· 과세유형전환
· 사업용계좌신고현황
· 주류면허상태

2. [현금영수증 건별발급] 클릭

3. [거래정보 등록] 입력

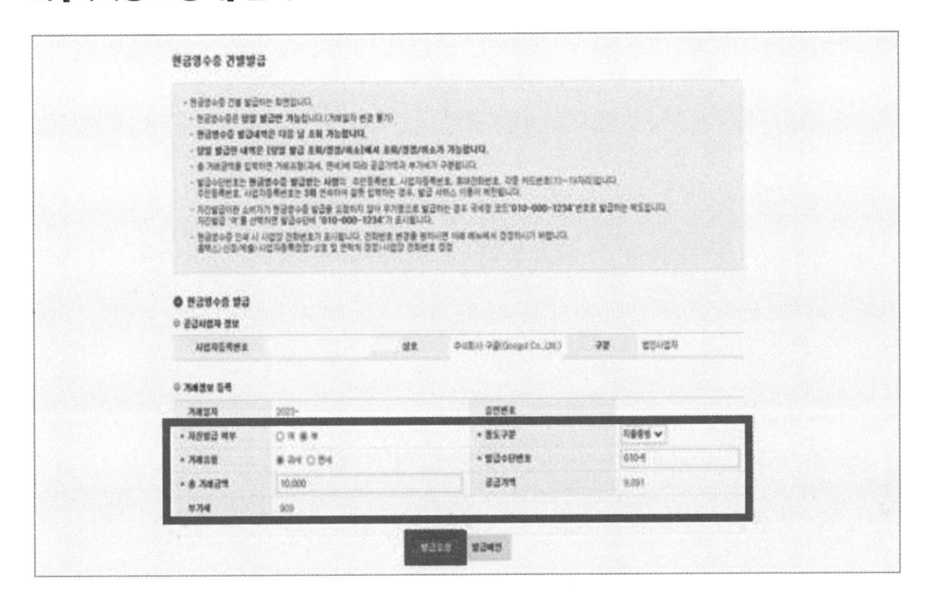

① **자진 발급 여부 :** 자진 발급 여부는 발급 수단 번호로 발급할 경우 [부]로 선택하고, 발급번호를 모를 경우에 [여]로 선택하게 된다.

② **용도 구분 :** 용도 구분은 [소득공제]는 근로자 연말정산에 소득공제로 활용할 경우에 선택하고 사업자의 경우 대부분 [지출증빙]을 선택한다.

③ **거래유형 :** 거래유형은 과세, 면세에 따라 구분된다. 대부분이 과세에 해당한다. 그러나 농 · 축 · 수산물과 같은 면세거래도 있다. 부가세가 면제되는 면세거래를 과세거래로 잘못 선택해서 억울하게 부가세를 내는 일은 없어야 한다.

SNS 마켓 사업자 통신판매업 신고하기

인스타그램이나 스마트스토어 등 온라인에서 상품을 판매하려면 관할 소재지 시, 군, 구청에 통신판매업 신고를 해야 한다. 쿠팡, 11번가, 스마트스토어, 위메프, 롯데온 등 오픈 마켓에서 상품을 판매하기 위해서는 반드시 통신판매업 신고증을 제출해야 한다. 통신판매업 신고는 방문 신청하거나 정부24에서 온라인으로 신청할 수 있다.

① 시 · 군 · 구청 지역 경제과에 방문하여 직접 신청하기

관할 구청 민원봉사실 방문 ➜ 통신판매업 신고서 작성 ➜ 구비서류 제출 ➜ 발급 완료 연락 ➜ 구청 방문해서 등록면허세 결제 후 수령

*구비서류

개인사업자 : 구매안전서비스 이용 확인증, 신분증

법인사업자 : 구매안전서비스 이용 확인증, 법인등기부등본, 법인인감도장, 법인인감증명서

② 정부24에서 온라인으로 신청하기

정부24 회원가입 후 공인인증서를 등록한 후 공인인증서로 로그인해서 통신판매업 신고를 할 수 있다.

1. 홈페이지 자주 찾는 검색 창에 [통신판매업신고] 입력하고 찾기 클릭!

2. [통신판매업신고] ➔ [시·군·구 발급] 클릭!

3. 업체 정보 작성

통신판매업 신고

알려드립니다.

- **인터넷 통신판매**의 경우는 인터넷 도메인 **개설 후**에 신고하시기 바랍니다.
- **면허세** 부과 민원(미납시 가산세 부과)이며, 업체 소재지 시군구의 처리결과를 확인 후 방문 수령하시기 바랍니다.
  ※ 면허세는 매년 1월1일(과세기준일)에 갱신된 것으로 보아 폐업신고 전까지 정기분 등록면허세 부과
  (예: 2019. 12. 31. 면허를 받은 경우, 신규허가에 따른 면허세 신고납부(2019년 수시분) 및 2020년 정기분 면허세 납부대상이 됩니다.)
- 호스트 서버의 소재지가 **해외**인 경우에는 업체 소재지의 시·군·구청에 **직접 방문**하여 신고하시기 바랍니다.
- 신고된 통신판매업자의 신원정보(대표자명, 대표전화번호(개인 휴대전화번호일 경우 휴대전화번호), 사업장소재지, 전자우편주소 등)는 전자상거래소비자보호법 제12조제4항에 따라 공정거래위원회 홈페이지(www.ftc.go.kr)에 공개됩니다.

업체 정보를 작성해 주세요.

구분	개인
상호	
사업자등록번호	- -
연락처	- -
소재지	주소검색

4. 대표자 정보 입력 ➜ [판매정보] 선택

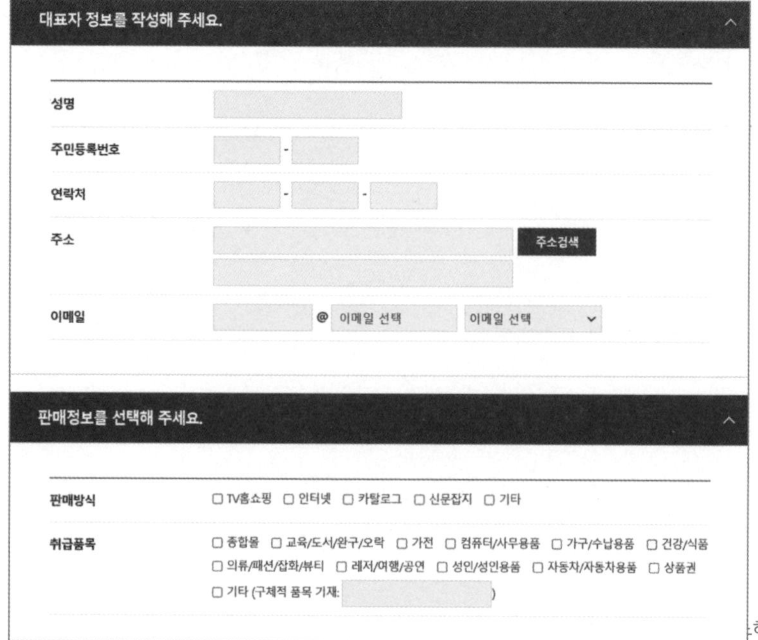

대표자 정보를 작성해 주세요.

성명	
주민등록번호	-
연락처	- -
주소	주소검색
이메일	@ 이메일 선택 이메일 선택

판매정보를 선택해 주세요.

판매방식	☐ TV홈쇼핑 ☐ 인터넷 ☐ 카탈로그 ☐ 신문잡지 ☐ 기타
취급품목	☐ 종합몰 ☐ 교육/도서/완구/오락 ☐ 가전 ☐ 컴퓨터/사무용품 ☐ 가구/수납용품 ☐ 건강/식품 ☐ 의류/패션/잡화/뷰티 ☐ 레저/여행/공연 ☐ 성인/성인용품 ☐ 자동차/자동차용품 ☐ 상품권 ☐ 기타 (구체적 품목 기재:)

5. '구매안전서비스 이용 확인증' 또는 '결제대금예치 이용 확인증' 파일 첨부

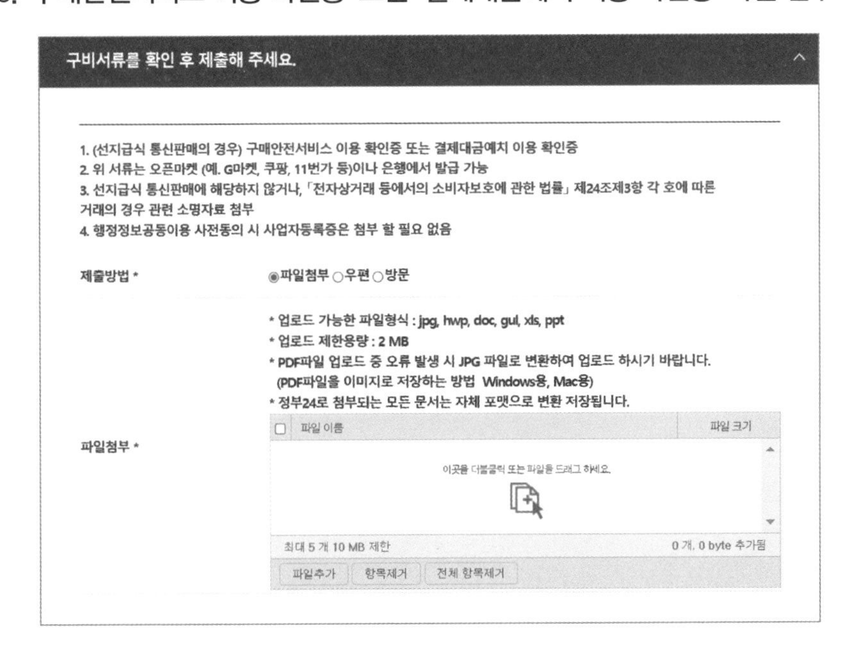

6. 신고증 수령기관 선택 ➜ 민원 시청하기

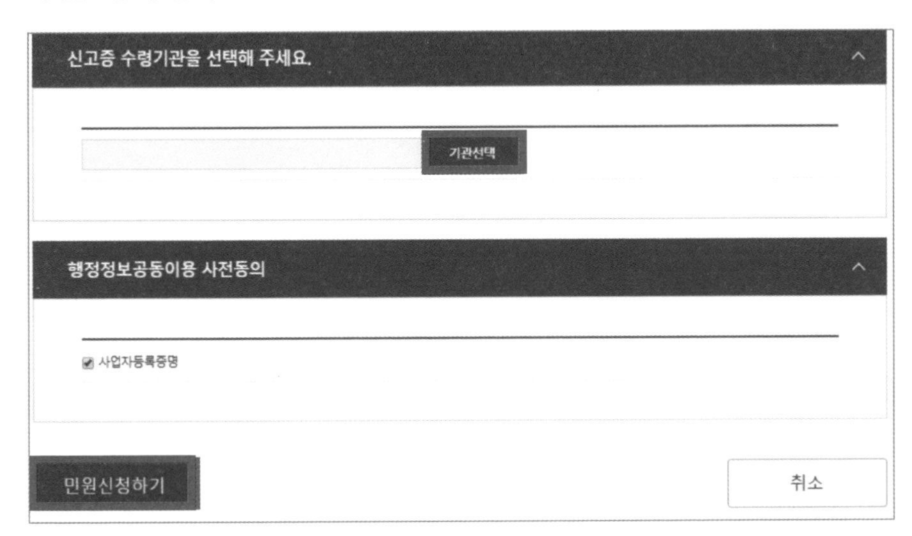

04

인스타그램 사업자 법인으로 시작하기

법인이 개인보다 유리한 3가지

법인과 개인의 가장 큰 차이는 세율과 자금 운용이다. 법인은 개인에 비해 세율이 낮고, 법인의 경우 대표이사가 회사의 돈을 사적으로 사용할 수 없다. 법인은 투명하게 자금을 운용해야 한다. 이에 따라 회사의 신용도가 높아지고 투자유치 등 자금조달이 용이하다.

■ 개인사업자보다 세율이 낮다

개인사업자의 소득세는 과세표준 구간에 따라 6~45%의 세율이 적용된다. 법인세는 9~24%의 세율이 적용된다. SNS 마켓 사업자, 인플루언서 등 1인 창업이 증가하고 있다. 개인사업자일 때 대표자의 급여는 필요경비로 인정되지 않는다. 필요경비로 공제받을 수 있는 항목들이 많지 않아 법인에 비해 높은 세율로 많은 세금을 부담하게 된다. 이 경우 법인은 많게는 50% 이상 세금을 줄일 수도 있다. 사업자는 각각의 매출액과 손익을 예측한다. 상담을 하다 보면 절대적으로 수익성이 높아서 처음부터 법인을 선택해야 하는 경우도 있다.

■ 투자유치를 쉽게 할 수 있다

개인사업자는 창업자 한 사람의 자본조달에 의존해야 한다. 대규모 자금이 소유되는 사업인 경우에는 한계가 있다. 법인사업자는 주주를 통해 자금을 조달하기가 용이하다. 새로운 주식을 투자자에게 발행하는 유상증자를 통해 투자를 유치할 수 있다. 법인기업은 개인에 비해 경영의 투명성이 높다. 투자자 입장에서는 개인사업자에게 투자하는 것보다는 법인에 투자하는 것을 선호한다.

■ 회사의 신용도가 높아진다

법인은 주주나 임원이 회사의 자금을 마음대로 사용할 수 없다. 법인의 자금은 법인의 사업과 관련된 부분에 대해서만 사용할 수 있다. 법인의 대표이사가 법인자금을 개인적인 용도로 사용했을 경우, 세법상 여러 가지 불이익을 받는다. 이 경우 세법에서는 회사가 그 금액만큼 대표이사에게 급여를 준 것으로 봐서 대표이사에게 근로소득세를 과세한다. 주주가 가져간 경우에는 배당으로 봐서 그 주주에게 배당 소득세를 매긴다. 법인자금이 적법하고 투명하게 관리되기 때문에 회사의 신용도가 개인보다 높아진다.

법인 설립할 때 미리 결정해야 하는 것들

법인사업자가 사업자등록을 하기 위해서는 법인설립을 먼저 해야 한다. 상호, 자본금, 주소, 주주, 임원, 목적사업 등 구성요소를 미리 결정해서 법인설립을 완료해야 한다. 필요서류만 준비되면 신청은 어렵지 않다. 법인은 법인설립이 더 중요하다. 자본금을 얼마로 할 것인지, 주주와 지분비율을 어떻게 할 것인지, 대표이사 등 임원을 누구로 해야 하는지 등 설립 전에 준비해야 할 사항이 많다. 회사의 현재 상황과 미래 계획에 맞추어서 전문가와 협의해서 결정하는 것이 바람직하다.

법인설립 전 준비사항

구성요소	내 용
상호	같은 등기소 관할에 동일 상호 사용 불가 (사전에 "인터넷등기소 www.iros.go.kr" 열람 가능)
법인 주소	법인사업장 소재지 (법인설립 후 사업자 신청 시 법인의 임대차계약서 필요)
자본금	최소 자본금 100원부터 가능
주주	주주는 1명 이상 가능
임원(이사, 감사)	자본금 10억 미만 감사 없어도 가능 (단, 법인설립 시 주식이 없는 이사가 필요함)
목적사업	법인이 사업할 내용으로 설립 후 목적사업 추가 가능 (단, 법인은 목적사업에 기재된 사업만 할 수 있음)

법인설립 전 상호 검색하기

법인설립 전에 상호를 미리 검색해봐야 한다. 상법 제22조에 타인이 등기한 상호는 동일한 특별시 · 광역시 · 시 · 군에서 동종업종의 상호로 등기하지 못한다. 이 규정 때문에 동일 관할에서 같은 상호를 사용할 수 없다. 상호검색은 대법원 인터넷등기소에서 간편하게 검색할 수 있다.

■ 인터넷등기소에서 상호 검색하기

1. 인터넷 등기소 접속 → [법인상호 검색] 클릭

2. 상호로 찾기 → [관할등기소] 입력 → [검색어] 입력 → [검색] 클릭

법인자본금 얼마가 적정할까?

2009년 이전 상법상 최저 자본금은 5천만 원이었다. 같은 해 2월 상법이 개정되면서 상법상 최저 자본금 규정이 삭제되었다. 다만 액면주식의 최소 액면금액이 100원으로 정해져 있다. 따라서 1주에 100원으로 법인설립이 가능해졌다. 그러나 실무적으로 자본금 100원으로 법인을 설립하는 경우는 많지 않다.

자본금은 법인이 사업을 시작하면서 필요한 기초자금이다. 사업을 시작할 때 사업에 필요한 사업자금을 예상한다. 최소한의 사업자금은 임대료, 사무실 인테리어, 사무기기, 매출이 발생해서 정상적인 회사 경영

이 시작되기 전까지의 모든 운영경비다. 법인의 자본금은 사업을 시작하기 위한 최소한의 자기자본이다.

법인을 설립할 때 자본금을 충분히 갖고 시작하는 사업자들은 많지 않다. 법인의 자본금은 사업의 종류, 규모, 자금조달 등 여러 가지 상황을 고려하여 결정해야 한다. 법인설립 시 자본금을 100만 원으로 해서 은행 대출을 못 받았다고 하소연하는 사업자도 본 적 있다. 법인설립 시 적정한 자본금을 결정하는 것은 자금의 효율적인 운용을 위해 꼭 필요하다. 따라서 설립 전 전문가와 종합적으로 상담 후 결정하기를 권한다.

법인자본금 가공납입하면 어떻게 될까?

"법인 자본금이 부족한데 잔고 증명 후 인출하면 안 될까요?"

"꼭 법인통장에 입금해야 하나요?"

이 질문들은 법인을 신규로 설립할 때 대표자들이 많이 물어보는 질문들이다. 상법 개정으로 자본금 제한이 없다. 최소 자본금 100원으로도 법인을 설립할 수 있다. 물론 인허가 업종은 최소 자본금 규정이 있다. 인허가 업종이 아니라면 자본금을 실제로 납입할 수 있는 정도로 하는 것이 바람직하다.

법인을 설립하려면 자본금을 실제로 납입해야 한다. 자본금이 결정되면 은행에 잔고 확인을 받아 법인설립 시 필요서류로 제출하게 된다. 정상적인 자본금은 자기자본으로 입금을 해야 하나, 자본금 가공 납입은 자본금을 납입하지 못해 외부로부터 차입하여 납입하고, 법인이 설립된 후 납입금액을 인출해 차입금을 상환하게 된다.

타인의 자금을 빌려서 법인을 설립하면 시작부터 자금이 인출되어 회사가 부실화되고, 세무상으로는 주주에게 무상으로 빌려준 것으로 보아 법인세와 소득세가 과세된다. 또한 상법에서는 자본금의 가장납입 사실이 밝혀질 경우 주금납입 행위를 한 자, 행위에 응한 자, 중개한 자들에 대해 5년 이하의 징역 또는 1,500만 원 이하의 벌금에 처하도록 하고 있다.

자본금은 주주가 법인을 설립할 때 자기 돈으로 납입을 해야 한다. 자본금 가공 납입으로 세무상 불이익이 발생하지 않도록 주의해야 한다.

법인 주주구성 어떻게 하지?

법인을 설립하면서 가장 중요한 것이 바로 주주구성이다. 법인의 주인은 주주다. 주주는 반드시 1명 이상 있어야 한다. 소기업의 경우 주주구성을 쉽게 생각하는 경우가 많다. 그리고 주주를 구성할 때 가장 많이 하는 실수가 있다. 지인이나 직원 등 타인 명의로 주주를 구성하는 것이다. 회사가 성장하게 되면 주식의 가치도 높아진다. 이 경우 직원이 퇴사 후 주식의 매수를 요청하게 되면 주식 가치 상승으로 막대한 매수자금 유출과 세금 부담이 발생하게 된다. 실질적인 주주로 자본을 투자했다면 당연히 주식을 주어야겠지만 그렇지 않다면 절대로 해서는 안 될 일이다.

법인의 주주는 실제 회사를 운영하지는 않는다. 그러나 법인의 이익에 대해 배당을 받을 수 있는 권리가 있다. 법인설립 시 주주구성을 가족으로 하여 배당을 통해 절세할 수 있다. 배당소득 등 금융소득은 현재 2천만 원 미만은 분리 과세되고 있다. 즉, 이자 · 배당소득 등 금융소득의 합계액이 2천만 원 미만이면 다른 근로소득이나 사업소득이 있어도 종합소득세로 합산되지 않는다.

단 법인설립 시 자본금의 규모에 따라 배우자, 자녀에 대한 증여세가 부과될 수 있다. 배우자의 경우 6억 원, 자녀의 경우 5천만 원, 미성년 자녀의 경우 2천만 원까지 증여세 공제가 가능하다. 미성년자는 미성년자 통장을 개설한 후 부모 통장에서 증여금액을 이체하고 자녀 통장에서 주금납입 통장으로 이체하면 된다. 따라서 자금 출처를 밝히기 어렵다면 증여세 신고를 통해 적극적으로 해명하는 것이 필요하다.

주주구성을 잘못하면 세금폭탄 맞는다

일례를 먼저 살펴보자. 2006년에 자본금 5천만 원으로 제조업 법인을 설립했다. 법인 설립 당시 주식 배분을 대표자 34%, 선배1 33%, 선배2 33%로 결정했다. 이 법인은 2022년에 자산 90억, 부채 55억, 미처분이익잉여금 35억으로 성장했다. 자본금 5천만 원으로 시작한 회사가 12년 뒤 자본금 35억 원으로 70배 성장한 것이다. 자산 90억 원 중 50억 원은 공장으로 계속해서 가치가 상승하고 있다. 매출액과 이익도 증가 추세로 경영상 큰 문제는 없어 보인다.

해당 법인의 대표이사가 어느 날 고민이 있다며 찾아왔다. 법인 설립 시 선배 명의로 배정한 차명주식을 다시 가져오고 싶다는 것이었다. 당시 작은 회사가 자가 건물도 취득하고, 성장을 계속하고 있기에 혹시라도 선배가 '차명주식의 소유권을 주장하지 않을까?' 하는 불안감이 생기기 시작한 것이다. 또한 선배가 사업 부진으로 국세 체납, 신용불량이 되었을 경우 차명주식에 대해 압류가 들어오면 경영권 확보가 어려워지므로 이 점이 걱정된다는 것이다.

결국 선배의 차명주식을 빨리 환원해올 수밖에 없다. 그러나 이 경우에는 증여세, 증권거래세, 양도소득세, 과점주주 취득세 등 많은 것들을 고려해야 한다. 무작정 주식을 양도하면 세금폭탄을 맞을 수도 있어서다.

우리나라 중소기업의 대부분은 대표자 개인 창업이다. 대표자 개인이 모든 자본을 납입하고 가족에게 또는 직원에게 주식 지분을 배분하는 경우가 많다.

임원은 임기가 있고 그 변경이 어렵지 않다. 그러나 주주 변경은 간단하지 않다. 특히 업력이 많은 기업의 경우 이익잉여금이 적립되어 있어서 주식 가치가 높아진다. 주주 변경은 주식의 양도나 증여를 의미한다.

이 경우 주식 가치 상승으로 인한 세금 부담이 커진다.

주식회사의 주주는 그 주식 비율만큼의 소유권도 있지만 배당받을 권리도 있다. 중소기업이 성장 후에 가장 많이 고민하는 것이 기업의 승계와 잉여금에 대한 처분이다. 주주구성을 신중하게 해야 하는 이유가 여기에 있다.

05

알아두면 편리한 홈택스 메뉴가 있다

홈택스는 사업자와 개인이 가장 많이 찾는 전자 정부 서비스다. 2022년 행정안전부는 '2021년 전자정부서비스 이용실태조사'에서 이용률이 높은 상위 5개 전자 정부 서비스를 공개했다. 상위 5개 전자 정부 서비스는 홈택스, 정부24, 국민건강보험, 질병관리청, 레츠코레일(SRT)이다. 이중 홈택스가 가장 높은 이용률을 보였다. 그러나 높은 이용률만큼 홈택스 메뉴를 충분히 활용하는 사업자는 많지 않다. 처음 홈택스에 접속하면 메뉴가 많아 당황하게 된다. 원하는 메뉴를 찾기 위해서는 하나하나 들어가서 확인하는 방법밖에 없다. 다음 사업자가 알아두면 편리하고, 즐겨 찾는 메뉴를 정리해 보았다.

세금계산서 발급 및 각종 조회는 [조회/발급] 메뉴에서!

홈택스 [조회/발급]에서 자주 사용하는 메뉴는 전자세금계산서에서 매출 전자세금계산서를 발급하고 조회할 수도 있다. 또한 현금영수증에서도 현금영수증 가맹점 가입 후 발행할 수도 있다.

귀찮은 민원증명은 [민원증명] 메뉴에서!

홈택스 [민원증명]에서 자주 사용하는 메뉴는 금융기관 등 외부 기관과 거래 시 제출하는 민원증명서가 대부분이다.

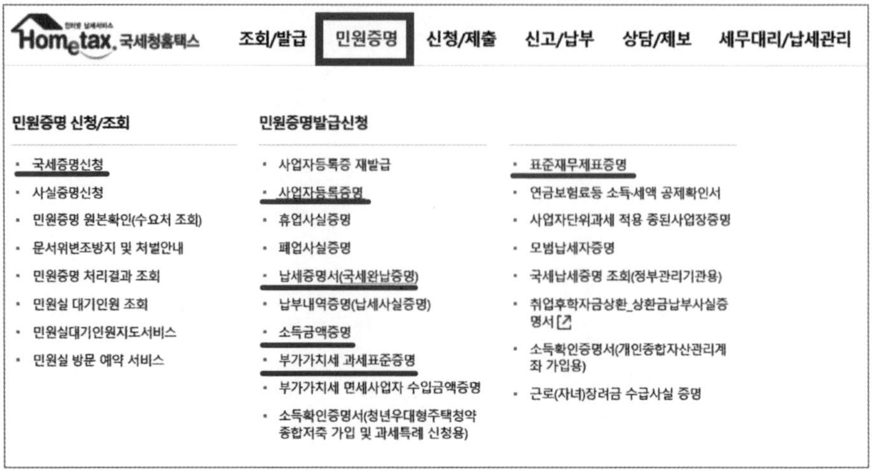

Hometax. 국세청홈택스 조회/발급 민원증명 신청/제출 신고/납부 상담/제보 세무대리/납세관리

민원증명 신청/조회

- 국세증명신청
- 사실증명신청
- 민원증명 원본확인(수요처 조회)
- 문서위변조방지 및 처벌안내
- 민원증명 처리결과 조회
- 민원실 대기인원 조회
- 민원실대기인원지도서비스
- 민원실 방문 예약 서비스

민원증명발급신청

- 사업자등록증 재발급
- 사업자등록증명
- 휴업사실증명
- 폐업사실증명
- 납세증명서(국세완납증명)
- 납부내역증명(납세사실증명)
- 소득금액증명
- 부가가치세 과세표준증명
- 부가가치세 면세사업자 수입금액증명
- 소득확인증명서(청년우대형주택청약종합저축 가입 및 과세특례 신청용)
- 표준재무제표증명
- 연금보험료등 소득·세액 공제확인서
- 사업자단위과세 적용 종된사업장증명
- 모범납세자증명
- 국세납세증명 조회(정부관리기관용)
- 취업후학자금상환_상환금납부사실증명서
- 소득확인증명서(개인종합자산관리계좌 가입용)
- 근로(자녀)장려금 수급사실 증명

사업자등록 신청·폐업은 [신청/제출] 메뉴에서!

홈택스 [신청/제출]에서는 사업자등록 신청과 폐업신고, 사업용 계좌 개설관리가 주된 서비스다.

My홈택스 로그인 회원가입 인증센터 | 국세청홈페이지 | 법령정보 | 부서사용자 가입하기 | 화면크기 100%

Hometax. 국세청홈택스 조회/발급 민원증명 신청/제출 신고/납부 상담/제보 세무대리/납세관리 검색 전체메

메뉴펼침 기능해

일반 신청/제출

- 일반세무서류 신청
- 현금영수증전용카드 신청
- 전산매체제출
- 민원신청 처리결과조회
- 방문접수처리상태조회

주요세무서류신청바로가기

- 사업용(공익법인용)계좌 개설관리
- 송달장소(변경) 신고
- 환급계좌개설(변경)신고
- 원천징수세액 반기별납부 승인신청
- 원천징수세액 반기별납부 포기신청
- 신고기한 연장신청
- 신고분 납부기한 연장신청
- 고지분 납부기한등 연장(구.징수유예)신청
- 비거주자등의국내원천소득에 대한 소득세(법인세) 납세사실증명
- 주사업장총괄납부 승인신청
- 주사업장총괄납부 변경신청
- 거주자증명서 발급신청서

사업자등록신청/정정 등

- 사업자등록 안내
- 사업자등록간편신청(개인)-통신판매업
- 사업자등록간편신청(개인)-주택임대업
- 사업자등록신청(개인)
- 사업자등록정정(개인)
- 공동사업자(대표) 승인하기
- 공동사업자 저장내역보기
- 사업자등록신청(법인)
- 사업자등록정정(법인)
- 개인
- 법인

신청업무

- 휴폐업신고
- (휴업자)재개업신고
- 전자고지(송달) 신청/해지
- 세법해석(서면질의/사전답변)
- 불복(과적/이의/심사등)신청
- 외부위원지원서제출
- 민원서류발급 제한(해지신고)

소비제세 신청

- 소비제세(개별,교통)
- 소비제세(증권거래세)
- 소비제세(인지세)
- 소비제세(주세)
- 면세미납세신청신고

과세자료제출

- 세금계산서합계표
- 계산서합계표
- 과세자료 삭제요청
- 신종금융상품 중 조세특례적용
- 연금수령개시및해지명세서
- 출자지분등변경통지서 제출
- 중소기업취업자에 대한 소득세감면명세서
- 파생상품거래내역서
- 보험금 자료제출
- 예탁증권 관련 예탁자별 이자.배당소득 지급 실적
- 가상자산 자료 제출
- 타인신탁재산수탁명세서 자료제출

(근로·사업등)지급명세서

- 근로소득
- 퇴직소득
- 사업및기타소득
- 비거주자지급명세서
- 이자배당및연금계좌
- 종교인소득 (연말정산용)

복지이음

- 복지이음 안내
- 인건비 간편제출
- 일용근로소득지급명세서
- 간이지급명세서
- 사업장제공자 등의 과세자료 제출명세서
- 본인 소득내역 확인·정정

근로장려금.자녀장려금신청

- 간편신청하기
- 첨부서류제출하기
- 소득정보 제공동의 신청

소득세, 부가세 신고와 납부는 [신고/납부] 메뉴에서!

홈택스 [신고/납부]에서는 부가가치세, 종합소득세 등 각종 세금 신고와 세금 납부가 주된 서비스다.

각종 세금 상담과 탈세 제보는 [상담/제보] 메뉴에서!

홈택스 [상담/제보]에서는 현금영수증 관련 민원신고와 탈세 제보가 주된 메뉴다. 또한 각종 세금 관련 상담사례 검색과 인터넷 상담도 할 수 있다.

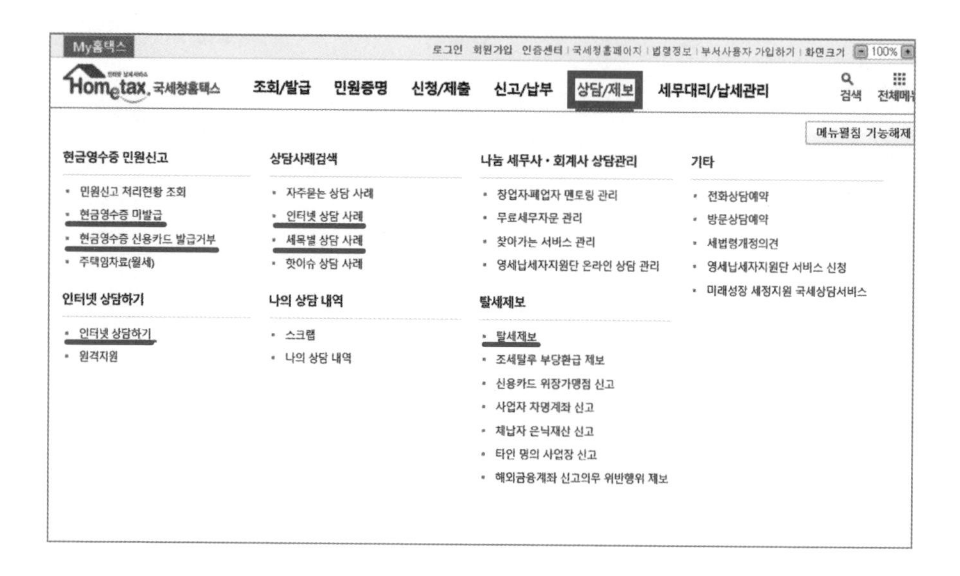

3장

인스타그램(SNS) 사업자에게 소득세보다 더 중요한 부가세

1월, 4월, 7월, 10월은 "부가세" 신고하는 달

사업자가 아까워하는 세금이 있다

사업자가 납부하는 세금 중에 금액적으로 적지 않고 횟수도 많은 세금이 부가세이기에 대부분 아깝게 생각한다. 부가세는 사업자가 부담하는 세금이 아니다. 원칙적으로 최종 소비자가 부담하는 세금이다. SNS 마켓 사업자의 경우 위탁판매자와 판매수수료 계약을 하고 판매수수료를 청구할 때 판매수수료에 부가세 10%를 별도로 청구하게 된다. 결국 위탁판매자에게서 받은 10%를 세무서에 납부하게 된다. 따라서 부가세는 아까워해야 하는 세금이 아니다. 잠시 받아 두었다가 대신 납부하는 세금이지만 부가세는 매출이 아니다.

SNS 마켓 사업자의 경우 판매수수료에 대한 매출이 대부분이기 때문에 매출에 관련된 매입액이 많지 않다. 따라서 매출액의 10%를 부가세로 내야 하는 경우가 많다. 따라서 부가세를 미리 준비해두지 않으면 부가세를 납부하는 데 부담이 되기도 한다. 부가세 신고와 납부시기를 미리 확인해서 준비하면 세금 체납으로 인해 불이익을 당하는 일은 없을 것이다.

부가가치세 신고

사업자	과세기간	확정신고 대상	신고·납부기한
법인사업자	제1기 예정 1.1.~3.31.	1.1.~3.31. 까지 사업 실적	4.1.~4.25.
	제1기 확정 4.1.~6.30.	4.1.~6.30. 까지 사업 실적	7.1.~7.25.
	제2기 예정 7.1.~9.30.	7.1.~9.30. 까지 사업 실적	10.1.~10.25.
	제2기 확정 10.1.~12.31.	10.1.~12.31. 까지 사업 실적	다음 해 1.1.~1.25.
일반과세자	제1기 1.1.~6.30.	1.1.~6.30. 까지 사업 실적	7.1.~7.25.
	제2기 7.1.~12.31.	7.1.~12.31. 까지 사업 실적	다음 해 1.1.~1.25.
간이과세자	1.1.~12.31.	1.1.~12.31. 까지 사업 실적	다음 해 1.1.~1.25.

- 개인 일반과세자는 4월과 10월에 세무서장이 직전 과세기간의 납부세액을 기준으로 50% 금액을 예정고지 **(법인사업자도 직전 6개월 매출액 1.5억 미만이면 예정고지)**
- 간이과세자는 7월에 세무서장이 직전 과세기간의 납부세액을 기준으로 50% 금액을 예정고지
- 당해 예정고지 세액은 다음 확정신고 납부 시에 공제됨

법인사업자는 분기별로 실적에 따라 네 번 신고 · 납부하면 된다. 개인사업자는 1월 1일부터 6월 30일까지의 매출실적을 7월 25일까지 신고해야 하며, 7월 1일부터 12월 31일까지의 매출실적에 대해서는 1월 25일까지 신고 · 납부해야 한다. 4월 25일과 10월 25일에는 신고는 하지 않고 직전 6개월분 납부세액의 50%를 예정고지로 납부해야 한다. 즉 세금 신고는 7월 25일과 1월 25일에 두 번 하고, 납부는 분기별로 네 번 한다.

간이과세자는 1월 1일부터 12월 31일까지의 매출실적에 대해 1월 25

일까지 신고 · 납부해야 한다. 간이과세자도 전년도 납부세액이 60만 원이 넘는 경우 예정고지를 7월 25일까지 납부해야 한다(간이과세자와 일반과세자의 경우 예정고지세액이 30만 원 미만일 때에는 예정고지서를 발급하지 않는다).

부가세 예정신고 선택

사업자 형태 및 조건		예정신고 기간	신고•납부기한
일반	예정고지된 사업자라도 사업 부진 • 조기 환급 등을 받고자 하는 경우 [사업부진: 예정부과기간의 공급대가(납부세액)가 직전 과세기간의 공급대가(납부세액)의 3분의 1에 미달하는 경우]	제1기 예정신고(1.1.~3.31. 실적)	4.1.~4.25.
		제2기 예정신고(7.1.~9.30. 실적)	10.1.~10.25.
간이	휴업 • 사업 부진 등으로 예정부과기간의 공급대가(납부세액)가 직전 과세기간의 공급대가(납부세액)의 3분의 1에 미달하는 경우	예정부과기간(1.1.~6.30. 실적)	7.1.~7.25.

폐업 전 남아있는 상품에 대해서도 부가세를 내야 한다

사업을 시작하는 것도 힘들지만 정리하는 것도 주의해야 한다. 대부분의 사업자는 폐업 신고를 하면 모든 것이 정리되는 줄 알고 있다. 그러나 폐업 신고는 단지 사업자등록만을 없앴을 뿐이지 폐업일까지의 모든 세금 신고도 끝난 것은 아니다.

폐업일까지의 부가세 신고와 소득세 신고도 마무리해야 한다. 특히 부가세 신고의 경우 폐업일 이후 25일 이내에 해야 한다. 폐업하는 이유는 대부분 사업이 어려워져 계속할 수 없기 때문이다. 폐업 후 부가세 신고를 잘못해서 엄청난 세금을 추징받는 경우를 가끔 보게 된다. 세금을 추징받는 이유 중 하나가 바로 폐업 시에 남아있던 재고에 대한 부가세다. 사업자가 사업을 폐업하는 경우 남아있는 재화는 자기에게 공급한 것으로 보아 그에 대한 부가가치세를 납부해야 한다.

폐업 시 남아있는 재고에 대해 세금을 부과하는 이유는 매입 당시 공제받았던 매입세액을 추징하기 위해서다. 단, 취득 시 매입세액 공제를 받지 않은 경우에는 추징하지 않는다. 폐업 시에 남아있는 재고가 있다면 꼭 전문가와 협의해야 한다.

사업자등록 전 매입세액도 공제받을 수 있다

사업자등록을 발급받기 전에 장비를 구입했는데 부가세 공제를 받을 수 있느냐고 문의하는 사업자가 있다. 사업을 개시하면 시작한 날로부터 20일 이내에 사업자등록을 신청해야 한다. 사업자등록을 신청하기 전의 매입세액은 부가세 신고 때 매출세액에서 공제하지 않는다. 다만, 공급 시기가 속하는 과세기간이 끝난 후 20일 이내에 사업자등록을 신청한 경우 등록신청일부터 공급 시기가 속하는 과세기간 기산일까지 역산한 기간 내의 것은 공제받을 수 있다. 장비를 6월 20일에 구입한 경우 부가세 1기 과세기간 종료일은 6월 30일이다. 따라서 20일 이내인 7월 20일까지 사업자등록을 신청한 경우에만 매입세액 공제를 받을 수 있다. 사업자등록 전 매입세액을 공제받기 위해서는 반드시 과세기간 종료일 20일 이내에 사업자등록 신청을 해야 한다.

사업자등록 전 매입세액공제

등록 전 매입일	사업자등록신청일	매입세액공제
1. 1 ~ 6. 30	7. 20	공제
7. 1 ~ 12. 31	1. 20	공제
6 . 20	7 . 21	불공제(20일 경과)

간이과세자에서 일반과세자로 변경됐다

간이과세자로 사업을 하다가 매출액이 일정 금액 이상이 되면 일반과세자로 자동 전환된다. 간이과세를 판정하는 기준금액은 직전 연도(1.1~12.31)의 매출액이 8,000만 원에 미달하는 경우 간이과세를 유지할 수 있다. 신규사업자의 경우에는 사업개시일로부터 종료일까지의 공급대가를 합한 금액을 12월로 환산한 금액을 기준으로 판단한다. 간이과세자에서 일반과세자로 유형 전환이 되는 경우 변경일 이전 1월 1일부터 6월 30일까지는 간이과세를 유지할 수 있다. 결과적으로 일반과세자로 전환되는 날은 7월 1일부터다. 간이과세자와 일반과세자는 부가세 계산구조가 다르다.

따라서 간이과세자에서 일반과세자로 유형 전환에 대해 미리 준비하지 않으면 일반과세자로 전환 후 예상하지 못한 부가를 납부하게 될 수도 있다. 특히 매출액이 판정 기준금액과 비슷하다면 더욱더 관심을 가져야 한다. 간이과세자와 일반과세자의 부가세 차이는 크기 때문이다.

간이과세자 일반과세자 유형 전환 판정 기준금액

직전 연도 (과세기간)	매출액 (공급가액+부가가치세)	유형 전환 일자 (다음 해)
1. 1 ~ 12. 31	8,000만 원 이상	7. 1 ~
7. 1 ~ 12. 31	4,000만 원 이상(환산금액 8,000만 원 이상)	7. 1 ~

부가세 10%는 수익이 아니다, "부가가치세"

부가가치세 신고를 잘해야 절세할 수 있다

부가가치세 신고는 매출과 매입을 확정하는 신고다. 매출과 매입을 정확하게 파악하지 못하면 부가가치세 신고를 할 수 없다. 가끔 부가가치세 신고를 위해 매출 내역을 요청하면 모른다고 하는 사업자가 있다. 온라인쇼핑몰, 스마트스토어, 쿠팡, 지마켓, 옥션 등 다양한 플랫폼에서 상품을 판매하고 중개하다 보니 매출 집계를 못 하는 경우가 있다.

부가가치세는 사업자에 따라 신고 횟수가 다르다. 간이과세자는 1년에 한 번, 일반과세자는 1기, 2기로 두 번 신고한다.

과세기간	1기 (1.1 ~ 6.30)		2기 (7.1 ~ 12.31)	
신고 기한	4월 25일	7월 25일	10월 25일	1월 25일
일반과세자	예정고지	①신고	예정고지	②신고
간이과세자		예정고지		①신고

부가가치세 신고는 정해진 신고 기한까지 마쳐야 한다. 기한 내에 신고를 못 하면 각종 가산세를 내야 한다. 세금 신고를 미리 준비하는 사업자는 많지 않다. 대부분의 사업자는 내가 어느 정도 부가세를 내야 하는지 예측하지 못한다. 이유는 내가 내야 할 부가세를 미리 계산하지 못했고, 매월 매출과 매입을 관리하지 못했기 때문이다.

사업자가 매월의 손익을 정확하게 계산하는 것은 쉽지 않다. 그러나 매출 · 매입만이라도 집계하면 부가세는 쉽게 예측할 수 있다. 절세의 시작은 매출과 매입을 정확하게 관리하는 것으로부터 시작된다. 매출 · 매입 누락은 부가세, 소득세 등 세금폭탄을 의미한다. 철저한 매출 · 매입 관리로 부가가치세 신고를 잘하면 절세할 수 있다.

SNS 마켓 사업자 부가가치세가 뭐야?

SNS를 이용해 물품 판매, 구매, 알선, 중개 등을 통해 수익을 얻는 경우, 일회성이 아니라 계속 · 반복적이면 사업자등록을 해야 한다고 앞서 설명했다. 대부분 부가가치세를 내야 하는 간이과세자와 일반과세자 중 선택하게 된다. 첫해 연 매출액이 8,000만 원 미만이 예상되면 '간이과세자'를 선택하게 된다. 세금계산서를 발행해야 하면 '일반과세자'로 내야 한다. 간이과세자는 개업 첫해 세금계산서를 발행할 수 없다. 직전 연도 매출액이 4,800만 원 이상일 때만 세금계산서를 발행할 수 있다.

간이과세자든 일반과세자든 과세사업자는 부가세 신고를 해야 한다. 부가가치세는 상품이나 서비스를 제공하는 과정에서 발생하는 이윤에 대하여 과세하는 세금이다.

부가가치세 = 매출세액 – 매입세액

부가가치세는 최종 소비자가 부담한다. 물건값에 포함되어 사업자는 최종 소비자가 부담한 부가가치세를 세무서에 대신 납부하게 된다. 부가가치세를 계산하려면 매출과 매입을 알아야 한다. 결국 부가가치세 신고로 소득세 계산의 시작이 되는 매출을 확정하게 된다. 따라서 정확한 매출을 파악하지 못하면 부가세뿐만이 아니라 소득세 신고까지 잘 못하게 된다. 매입은 소득세 신고 시 대부분 비용 항목에 해당한다. 따라서 매입자료를 잘 챙기지 못하면 비용인정을 받지 못해 내지도 않아도 될 소득세를 추가로 납부하게 된다. 즉, 부가가치세 신고를 잘해야 절세할 수 있다.

부가가치세는 누가 내는 거야?

부가가치세는 소비자가 부담하는 세금이다. 그러나 소비자가 직접 부가가치세를 계산해서 납부하지는 않는다. 부가가치세는 소비자 대신 물건을 판매하는 사업자가 소비자에게 받은 부가가치세를 신고하고 납부

한다. 즉, 부가가치세는 소비자가 부담하지만 납부는 사업자가 한다.

사업자 입장에서는 소비자에게 받은 부가가치세를 잠시 보관했다가 국세청에 대신 납부하는 것이다. 부가가치세는 내 주머니에서 나가지만 내 돈을 내는 것은 아니다. 물건을 팔 때마다 조금씩 받았다가 한꺼번에 납부하다 보니 자금 사정이 여의찮은 경우 부담스럽기도 하다. 소비자에게 받은 부가가치세는 내 돈이 아니라고 생각하고 별도 통장에 모아두는 사업자도 본 적 있다. 그렇다고 무작정 매출액의 10%를 모아둘 필요는 없다.

부가가치세는 매출세액에서 매입세액을 공제해서 계산한다. 사업자마다 매출 · 매입의 차이가 다르다. 서비스업종의 경우 매입이 거의 없다. 그러나 상품 도매업 같은 경우에는 매입이 80~90% 정도다. 조금만 관심을 가지면 내가 내야 할 부가가치세를 예상할 수 있다. 사업자가 내게 되는 세금 중 부가가치세가 소득세보다 많다. 사업자가 미리 준비한다면 부가가치세가 아깝다고 생각하는 일은 없지 않을까 필자는 생각해본다.

부가세가 붙지 않는 물건이 있다

SNS 마켓 사업자 중 한 분에게서 스마트스토어에서 농산물을 판매할 계획인데 부가세를 내야 하냐는 문의를 받은 적이 있다. 판매가격을 결정할 때 부가세 포함 여부는 매우 중요하다. 부가세를 부담해야 하는 과세 품목인데 부가세 10%를 판매가격에 반영하지 않게 되면 그만큼 이익이 줄어들게 된다. 또한 부가세를 부담하지 않는 면세 품목인데 부가세 10%가 포함된 금액으로 판매하게 된다면 경쟁 거래처보다 판매가격이 높아 매출이 부진하게 된다. 내가 판매하는 품목이 과세 품목인지, 면세 품목인지 확인한 후 판매가격을 결정해야 손해 보지 않는다.

물건을 판매하거나 서비스를 제공할 때 부가세가 붙지 않는 경우가 2가지 있다. 바로 면세와 영세율이다. 면세는 부가세를 면제해주는 것을 의미하고, 영세율은 세율이 영(0)이라는 뜻이다. 즉 부가세를 10%가 아닌 0%로 계산한다는 것이다.

세금을 면제해주는 면세 대상은 농 · 축 · 수산물, 의료, 교육 등 살아가는 데 생활 필수적인 항목들이 대부분이다. 부가세 부담 없이 생활에 꼭 필요한 것들을 소비할 수 있도록 하려는 복지적인 측면이 있다. 부가세 세율이 0%인 영세율 대상은 주로 해외에 물품을 수출하거나 용역을 제공하는 경우다. 수출이나 외화 획득을 장려하기 위한 세제 혜택의 하나다.

면세 대상

구분	면세 대상
기초생활필수품 및 용역	①미가공식료품(식용에 가공하는 농 · 축 · 수 · 임산물 포함) ②국내에서 생산된 비식용 농 · 축 · 수 · 임산물(외국산은 과세) ③수돗물(생수 : 과세) ④연탄, 무연탄(유연탄, 갈탄, 착화탄, 연탄용 불쏘시개: 과세) ⑤여객운송용역 (항공기, 고속버스, 전세버스, 택시, 고속철도: 과세) ⑥여성용 생리 처리 위생용품
국민후생용역	①의료보건용역 ②교육용역(정부인가 또는 주무관청 허가를 받은 학원, 교습소) ③주택과 이에 부수되는 토지의 임대용역 ④우표(수집용 우표를 제외) · 인지 · 증지 · 복권 · 공중전화
문화관련 재화 · 용역	①도서 · 신문 · 잡지 · 관보 · 통신 · 방송(광고 제외) ②예술창작품 · 예술행사 · 문화행사와 비직업운동경기 ③도서관 · 과학관 · 박물관 · 미술관 · 동물원 · 식물원에의 입장
부가가치 생산요소인 재화 · 용역	①토지의 공급 ②인적용역 ③금융 · 보험용역

부가세 줄이는 사업용 신용카드 등록제도

상담을 하다 보면 신규로 사업을 개시하는 초보 사장님들을 자주 접한다. 사업자등록을 하기 전에 세무 상담을 받는 준비성 강한 사장님들도 있다. 개인적으로 세무 상담은 사업을 개시하기 전에 받기를 권한다.

세무 상담을 단지 '세금을 계산하기 위한 상담'이라고 생각하는 경우가 많다. 정확한 세금을 계산하기 위해서는 미리 알아야 할 세무 지식이 있다. 또한 미리 등록하면 세금을 줄일 수 있는 것들이 있다. 개업하기 전에 세무 상담을 하면 사업자가 알아야 할 기본 세무 지식과 절세 방안을 찾을 수 있다.

신규사업자들과 첫 세무 상담을 하면서 꼭 등록시키는 것이 있다. 바로 사업용 신용카드와 사업용 계좌 등록이다. 특히 사업용 신용카드 등록은 부가세와 소득세를 동시에 줄일 수 있는 최고의 방법이다.

카드 등록 시기별 매입내역 제공 범위

카드 등록 시기	매입내역 제공 범위	매입내역 제공일
2023.01.01. ~ 01.31	1월 1일 이후	2023년 2월 15일경

※ 등록 월 이전의 내역은 조회되지 않는다.

사업용 신용카드는 개인사업자가 사업 관련 경비의 지출 용도로만 사용하는 신용카드를 국세청 홈택스에 등록하는 제도를 말한다. 사업용 카드로 등록하면 사용 내역을 홈택스 서비스를 통해 모두 조회할 수 있다. 따라서 사업과 관련된 지출 중 신용카드로 사용한 모든 내역을 빠짐없이 챙길 수 있다. 만약 홈택스에 사업용 신용카드 등록을 않았다면 카드사별로 부가세 신고에 필요한 자료를 요청받아 분류해야 하는 번거로움이 있다. 카드사별로 사업과 관련된 지출 항목만을 분류하는 것은 현실적으로 쉽지 않다.

홈택스에 사업용 신용카드를 등록했다면 가급적이면 가사 관련 경비를 사용하지 말아야 한다. 가사 관련 경비와 사업 관련 경비를 혼용할 경우, 사업 관련 경비를 구분하기 어렵기 때문에 사업 관련 용도로만 사용해야 한다. 사업용 신용카드 등록은 국세청 홈택스에서 본인 명의로 발급받은 신용카드를 최대 50개까지 등록할 수 있다.

사업용 신용카드 등록

구 분	종 류
등록**가능**카드	대표자 또는 기업 명의의 신용카드, 체크카드, 기명으로 전환된 충전식 선불카드(지역화폐, 기프트 카드)
등록**불가**카드	가족카드, 기프트 카드, 충전식 선불카드, 직불카드, 백화점 전용카드

간이영수증은 부가세 공제받을 수 없다

부가세 신고 기한에 의류 소매점을 운영하는 사장님이 부가세 신고 대행을 맡기려고 사무실에 방문했다. 전년도에는 간이과세자였다가 이번 연도에 일반사업자로 유형이 변경되어서 온 것이었다. 부가세 신고를 위해 사업자등록증과 신용카드, 현금영수증 등 매출자료를 가져왔는데 소매점이라 매출 세금계산서를 발행한 적은 없다고 했다. 매입 자료를 요청했더니 옷을 구매할 때 받았다고 하면서 간이영수증 한 묶음을 내놓았다.

6개월 매출액이 1억 원이었다. 매입 자료로 가져온 간이영수증을 모두 더해보니 7천만 원 정도 됐다. 사장님은 매출에서 매입을 뺀 금액에 10%, 3백만 원 정도를 부가세로 납부하면 될 거라고 생각하고 온 듯했다. 안타깝게도 이 경우에는 부가세로 9백만 원 가까이 납부해야 한다.

세법상 인정되는 증빙, 적격증빙이 있다. 법적으로 거래를 인정받을 수 있는 증빙을 '적격증빙'이라 한다. 세금계산서, 계산서, 카드 매출전표(신용카드, 체크카드, 직불카드 등), 현금영수증이다.

특히 부가세 신고 시 매입세액으로 공제받기 위해서는 반드시 적격증빙을 받아야 한다. 위의 경우 7천만 원의 매입자료를 적격증빙이 아닌 간이영수증을 받았기에 부가세 매입세액 공제를 받을 수 없게 되었다. 결국 부가세 신고 때 매입세액으로 공제받기 위해서는 꼭 적격증빙을 받아야 한다.

폐업자와 거래하면 부가세 공제를 못 받는다

8월 휴가 중에 거래처 사장님으로부터 급하게 전화가 왔다. 휴가 중임을 알고도 급한 마음에 전화를 걸어온 것이다. 내용을 들어보니 지난해 부가세 신고 때 받은 매입 세금계산서가 폐업자로부터 받은 것이라는 세무서 안내문을 받은 것이었다. 지인의 소개로 상품을 30%나 저렴하게 구입할 수 있어서 1천만 원(부가세 별도)어치를 구입했다는 것이었다.

폐업을 하면 재고 처리에 어려움을 겪는다. 폐업 전에 정상적으로 매출 세금계산서를 발행해서 정리하면 아무런 문제가 발생하지 않지만, 사업이 망해서 폐업하는 경우 세금을 내지 않으려고 정상적인 세금계산서를 발행하지 않고 무자료나 폐업 후 매출 세금계산서를 발행하는 경우가 종종 있다. 이 경우 폐업 후 매입 세금계산서를 교부받은 사업자는 매입세액공제를 받을 수 없게 된다. 또한 현금으로 대금을 지급한 경우, 경비 인정을 받을 수 없어서 소득세까지 추가로 납부하게 된다.

정상가보다 30% 싸게 구입하려다가 더 많은 비용을 세금으로 내게 될 수도 있다. 이때 거래한 상대방이 의심스럽다면 정상 사업자인지를 확인해봐야 한다. 폐업자, 간이과세자, 면세사업자는 세금계산서를 발행할 수 없다. 따라서 거래상대방이 매입세액공제를 받을 수 있는 사업자인지 국세청 홈페이지를 통해 확인해봐야 한다. 첫 거래 시에 조금은 번거롭더라도 정상 사업자인지를 확인해서 불이익을 받는 일이 없도록 해야 한다. 국세청 홈택스 홈페이지에서 [조회/발급 → 사업자상태 → 사업자등록번호로 조회]에서 상대방 사업자등록번호를 입력하면 조회 가능하다.

1. 홈택스 ➜ 로그인 필요 없이 ➜ [조회/발급] ➜ [사업자상태] ➜ [사업자등록번호조회] 클릭

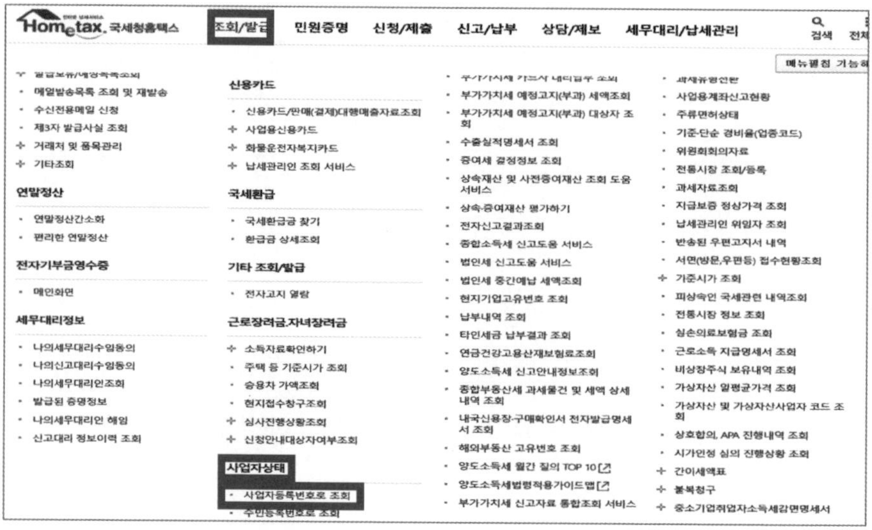

Hometax. 국세청홈택스
조회/발급 민원증명 신청/제출 신고/납부 상담/제보 세무대리/납세관리
검색
메뉴편집 기능
· 메일발송목록 조회 및 재발송
· 수신전용메일 신청
· 제3자 발급사실 조회
+ 거래처 및 품목관리
+ 기타조회
연말정산
· 연말정산간소화
· 편리한 연말정산
전자기부금영수증
· 메인화면
세무대리정보
· 나의세무대리수임동의
· 나의신고대리수임동의
· 나의세무대리인조회
· 발급된 증명정보
· 나의세무대리인 해임
· 신고대리 정보이력 조회
신용카드
· 신용카드/판매(결제)대행매출자료조회
+ 사업용신용카드
+ 화물운전자복지카드
+ 납세관리인 조회 서비스
국세환급
· 국세환급금 찾기
· 환급금 상세조회
기타 조회/발급
· 전자고지 열람
근로장려금.자녀장려금
+ 소득자료확인하기
· 주택 등 기준시가 조회
· 승용차 가액조회
· 현지접수창구조회
+ 심사진행상황조회
+ 신청안내대상자여부조회
사업자상태
· 사업자등록번호로 조회
· 주민등록번호로 조회
· 부가가치세 예정고지(부과) 세액조회
· 부가가치세 예정고지(부과) 대상자 조회
· 수출실적명세서 조회
· 증여세 결정정보 조회
· 상속재산 및 사전증여재산 조회 도움 서비스
· 상속·증여재산 평가하기
· 전자신고결과조회
· 종합소득세 신고도움 서비스
· 법인세 신고도움 서비스
· 법인세 중간예납 세액조회
· 현지기업고유번호 조회
· 납부내역 조회
· 타인세금 납부결과 조회
· 연금건강고용산재보험료조회
· 양도소득세 신고안내정보조회
· 종합부동산세 과세물건 및 세액 상세내역 조회
· 내국신용장·구매확인서 전자발급명세서 조회
· 해외부동산 고유번호 조회
· 양도소득세 월간 질의 TOP 10
· 양도소득세법령적용가이드맵
· 부가가치세 신고자료 통합조회 서비스
· 사업용계좌신고현황
· 주류면허상태
· 기준·단순 경비율(업종코드)
· 위원회회의자료
· 전통시장 조회/등록
· 과세자료조회
· 지급보증 정상가격 조회
· 납세관리인 위임자 조회
· 반송된 우편고지서 내역
· 서면(방문,우편등) 접수현황조회
+ 기준시가 조회
· 피상속인 국세관련 내역조회
· 전통시장 정보 조회
· 실손의료보험금 조회
· 근로소득 지급명세서 조회
· 비상장주식 보유내역 조회
· 가상자산 일평균가격 조회
· 가상자산 및 가상자산사업자 코드 조회
· 상호합의, APA 진행내역 조회
· 시가인정 심의 진행상황 조회
+ 간이세액표
+ 불복청구
+ 중소기업취업자소득세감면명세서

2. [사업자등록번호 입력] ➔ 조회하기 ➔ 사업자등록상태 표시 확인(간이, 일반, 폐업 일자)

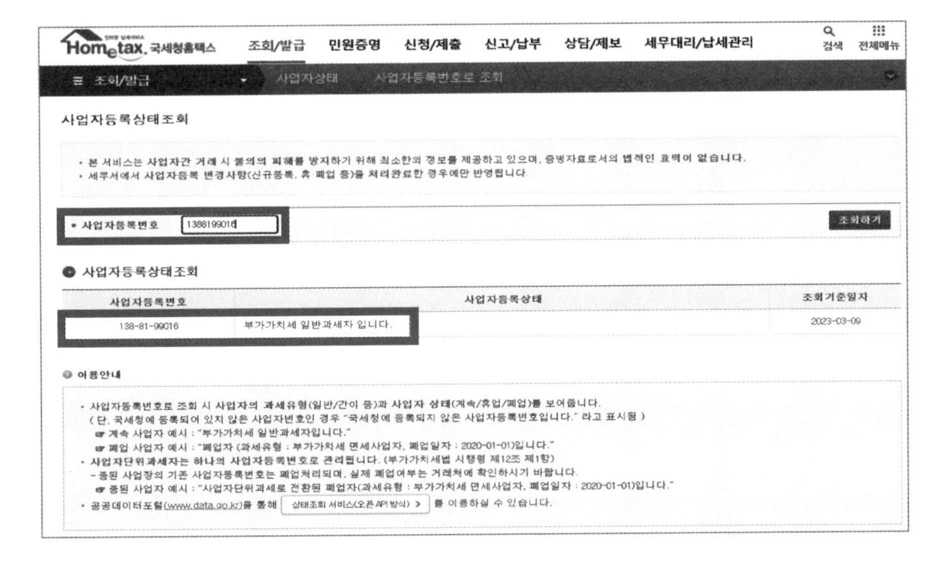

[폐업사업자 상태 시 조회 화면]

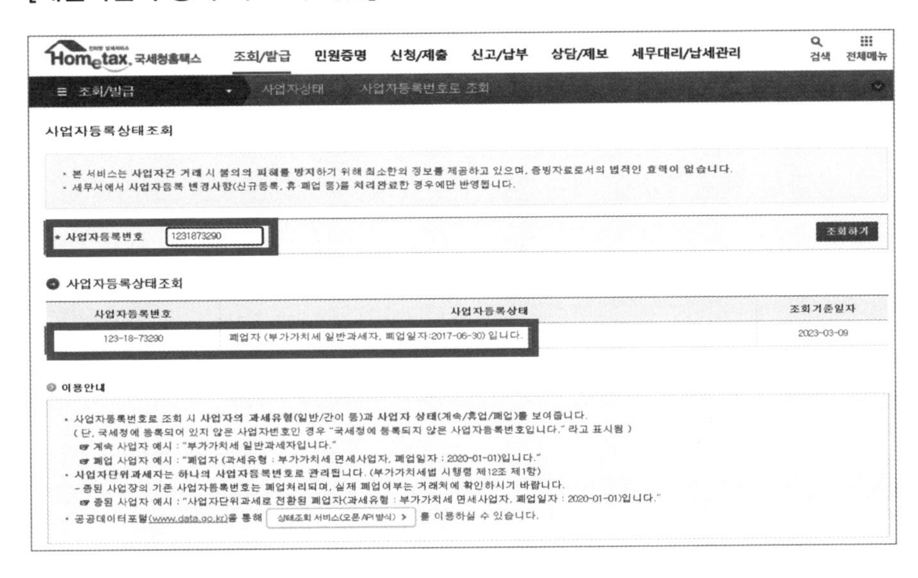

신용카드로 먼저 결제하면 후에 세금계산서를 중복 발행할 수 없다

부가세 신고 때 매입 세금계산서와 매입신용 카드 전표가 있으면 부가세 공제를 받을 수 있다. 그러나 동일 거래 건에 대해서 중복으로 발행된 경우에는 중복 공제받을 수 없다. 예를 들어, SNS 마켓에서 상품을 구매한 고객이 세금계산서를 발급해달라고 남편의 신용카드 전표를 가져왔다. 남편이 회사를 운영하는데 부가세 공제를 받으려면 세금계산서가 필요하다고 했다. 이때 신용카드로 먼저 결제한 경우 세금계산서를 중복 발행하면 안 된다.

세법에서는 재화나 용역을 공급받고 먼저 신용카드로 결제하면 이후에 세금계산서를 중복해서 발급할 수 없도록 하고 있다. 그러나 외상으로 구매하고 먼저 세금계산서를 발행한 후 외상 대금을 신용카드로 결제하는 것은 가능하다. 이 경우 부득이 세금계산서와 신용카드 매출전표가 중복 발행된다. 신용카드로 외상 대금을 결제할 때 전표에 표시해두어서 매출을 중복 신고하는 일이 없도록 주의해야 한다.

신용카드 매출전표와 세금계산서를 중복으로 발급했을 경우 공급자와 공급받는 자 모두 세금계산서를 기준으로 부가세 신고를 해야 한다. 가끔 매입자가 세금계산서와 신용카드 매입자료를 이중으로 공제받아 세금을 추징당하는 경우가 있으니 주의해야 한다.

단 앞선 예시처럼 배우자의 카드로 매입했고, 사업과 관련하여 매입한 상황이라면 신용카드 전표만으로도 매입세액 공제가 가능하다. 가족이나 직원 명의의 카드로 매입할 때도 매입세액 공제를 할 수 있다.

"부가가치세"를 줄이는 5가지 방법

부가세 계산구조를 알아야 절세할 수 있다

세금을 줄이려면 먼저 더하기 빼기를 잘해야 한다. 부가세를 줄이는 항목인 매입세액과 경감 · 공제세액을 빠짐없이 챙겨야 한다. 즉, 뺄 수 있는 게 무엇인지 알아야 하고, 안 내도 될 세금은 더 내지 말아야 한다. 안 내도 될 가산세는 줄이고, 공제받을 수 있는 항목은 최대한 늘려야 세금을 줄일 수 있다. 모든 세금에는 각각의 세금 계산구조가 있다. 세금을 납부하면서 이 세금이 어떻게 계산되었는지 모르고 무작정 납부하는 경우가 많다. 하지만 세금이 어떻게 계산되는지 세금 계산구조를 알아야 효과적인 절세 방안을 마련할 수 있다.

일반과세자 부가세 계산구조

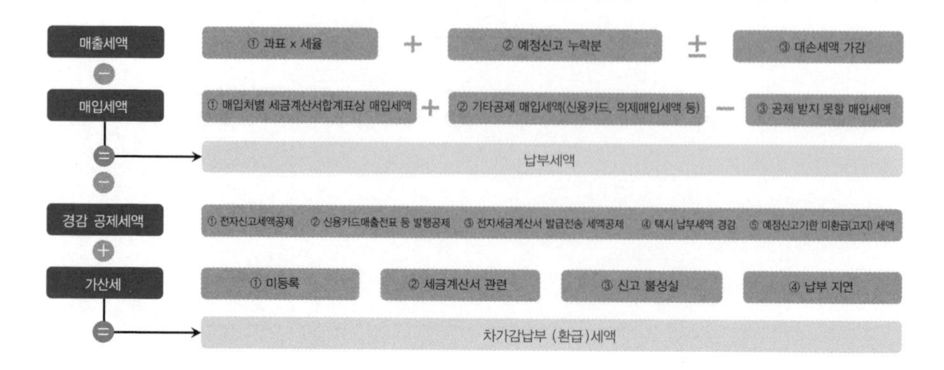

적격증빙으로 받아야 부가세 공제받는다

부가세 신고 기간에 사장님들과 상담하다 보면 공통으로 듣게 되는 2가지 말이 있다.

"부가세 내기가 너무 아깝다."

"부가세를 어떻게 하면 줄일 수 있냐?"

누구는 부가세를 거의 내지 않는데 나는 너무 많이 낸다는 것이다. 부가세는 업종에 따라 다르다. 같은 업종이라도 지급해야 할 부가세가 다를 수 있다. 앞에서 부가세 구조에서 살펴보았듯이 공제받을 수 있는 항목들을 얼마나 잘 챙겼느냐에 따라서 달라질 수 있다.

그렇다고 아무 증빙이나 부가세를 공제 가능한 것은 아니다. 매입세액 공제를 받기 위해서는 반드시 적격증빙으로 챙겨야 한다. 사업과 관련 비용을 지출할 경우 반드시 세금계산서, 계산서, 신용카드, 현금영수증으로 받아야만 부가세를 공제받을 수 있다. 간혹 부가세 신고 때 매입자료로 간이영수증이나 입금표, 거래명세서, 송금명세서를 가져오는 분들도 있다. 안타깝게도 모두 부가세 공제를 받을 수 없다.

이처럼 부가세는 사업자가 직접 챙기지 않으면 세무사가 아무리 유능하더라도 적격증빙 없이는 세금을 줄일 수 없다.

부가세 줄이는 매입세액 100% 챙기기

부가세를 줄이기 위해서는 기본적으로 매입세액이 많아야 한다. 부가세 계산구조 상 매입세액을 차지하는 대부분은 세금계산서에 의한 매입세액이다. 절대적으로 세금계산서 비중이 크다.

요즘 부가세 신고는 홈택스로 직접 하고 소득세 신고는 세무사 사무실에 대행하는 사업자분들을 자주 볼 수 있다. 필자도 소득세 상담 때 사업자가 홈택스로 직접 신고하신 부가세 신고서를 보게 된다. 그런데 부가세 신고서 매입세액 공제란에 세금계산서 매입세액만 있고 신용카드매입세액 공제, 의제매입세액 공제 등 기타 공제매입세액이 없는 경우가 많다. 사업을 하면서 사업 관련 비용을 지출할 때 100% 세금계산서만 받을 수는 없다. 사업 관련 지출의 일정 부분을 차지하는 것이 바로 신용카드와 현금영수증이다. 그런데 이에 대한 매입자료가 부가세 신고에서 모두 빠진 것이다.

놓치기 쉬운 기타 매입세액 100% 챙기기

부가세 신고시 공제해주는 기타 공제매입세액에는
신용카드 매출전표, 재활용 폐자원 등
매입세액, 의제매입세액, 재고매입세액, 변제대손세액이 있다

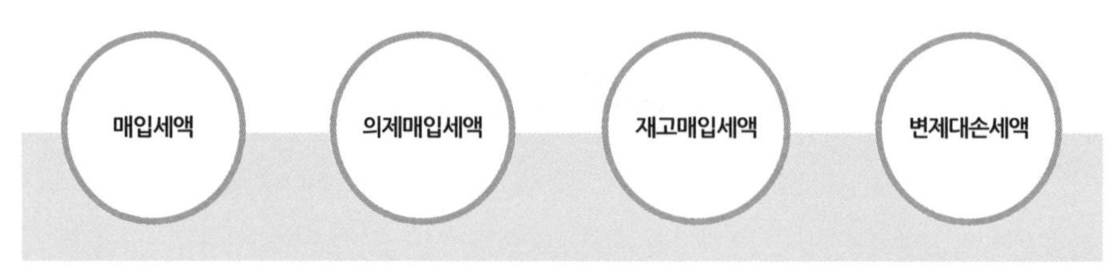

부가세 신고 시 공제해주는 기타 공제매입세액에는 신용카드 매출전표, 재활용 폐자원 등 매입세액, 의제매입세액, 재고매입세액, 변제대손세액이 있다. 기타 공제 매입세액을 받을 수 있는 항목이 무엇인지 알아야 한다. 세액공제는 사업자가 적극적으로 챙겨야 한다. 업종마다 세액공제를 받을 수 있는 항목들이 다르기 때문이다.

부가세를 공제받지 못하는 매입세액도 있다

부가세는 매출세액에서 매입세액을 차감해서 계산한다. 따라서 매입세액을 꼼꼼하게 챙겨야 부가세를 줄일 수 있다. 부가세 신고 기간에 많이 문의하는 것 중 하나가 '경비를 지출했는데 과연 부가세를 공제받을 수 있느냐? 공제받지 못하냐?'이다.

한번은 1인 기업을 운영하는 대표님이 7월 부가세 신고를 하기 위해 찾아왔다. SNS 마켓 사업자등록을 하고 1년 매출액은 1억 원 정도였다. 사업을 열심히 운영하면서 이번에 큰마음 먹고 차를 구매했다고 한다. 아마도 이번 부가세는 환급받을 것 같다는 것이다.

상반기 매출액은 5천만 원 정도 되고, 차량 구입 가격은 8천만 원이었다. 따라서 3백만 원 정도 부가세 환급이 될 것 같다고 생각하고 찾아왔는데 안타깝게도 부가세 환급을 받을 수 없었다. 구입한 자동차가 부가세가 공제되지 않는 개별소비세 과세 대상인 1,000cc 이상의 승용차였기 때문이다.

부가세를 공제받기 위해서는 개별소비세 과세 대상이 아닌 자동차를 구매해야 한다. 승용차의 경우 정원 9인승 이상과 1,000cc 미만 경차만 부가세 공제가 가능하다. 만약 부가세를 공제받을 수 있는 차량을 구입했다면 부가세 8백만 원을 공제받을 수 있었을 것이다.

이처럼 부가세가 공제되지 않는 항목들이 있다. 가장 대표적인 것이 접대비 지출과 관련된 매입세액, 사업과 직접 관련이 없는 지출과 관련된 매입세액, 비영업용 승용차의 구입 · 유지 등에 관한 매입세액, 면세

사업과 관련된 매입세액, 토지 관련 매입세액, 사업자등록 전 매입세액 등이 있다. 부가세 매입세액 불공제 항목을 미리 알고 준비한다면 부가세를 억울하게 납부하는 일은 없을 것이다.

부가세를 공제받지 못하는 매입세액

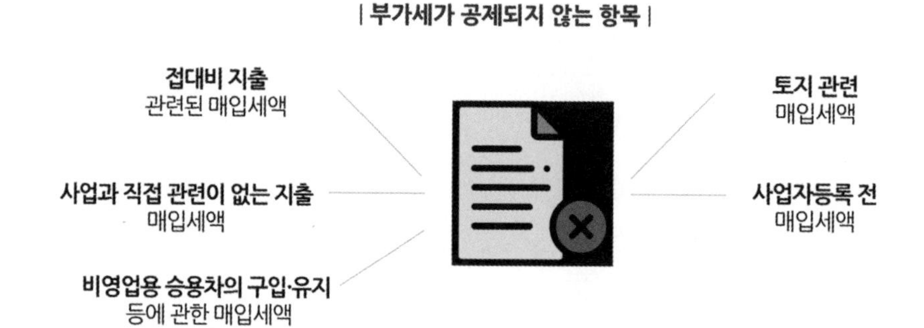

부가세 공제받는 자동차 (개별소비세 과세 대상 제외)	- 화물차 - 1,000cc 미만 경차(모닝, 스파크, 레이 등) - 125cc 이하의 이륜자동차 - 정원 9인승 이상의 승용차(카니발 9인승 등)

안 내도 되는 세금이 있다

세금 강의 중 가끔 퀴즈를 낸다. 세금 중에 안 내도 되는 세금은 어떤 세금일까? 정답은 '가산세'다. 가산세는 세법상 규정하고 있는 각종 의무 불이행 시 산출세액에 가산하여 징수한다. 각 세법에서는 별도의 가산세 규정이 있다. 부가세도 가산세 규정이 있다. 부가세 가산세 중 사업자들이 많이 내는 가산세는 무신고 가산세와 납부불성실가산세이다.

"세금 낼 돈도 없는데 부가세 신고 안 하면 안 되나요?"

세금 납부를 못하더라도 신고는 해야 한다. 부가세 신고는 하고 납부만 못 했을 경우 가산세는 지연납부에 관한 납부불성실가산세(미납세액×22/100,000×미납일수)만 부담하면 된다. 그러나 부가세 신고 자체를 안 했을 경우에는 추가적인 다른 가산세를 부담해야 한다.

■ 부가세 미신고 시 발생하는 가산세

① 무신고 불성실 가산세 : 일반무신고(납부세액×20%), 부당무신고(납부세액×40%)

② 납부불성실가산세(미납세액×22/100,000×미납일수)

③ 세금계산서 합계표 제출 불성실가산세(합계표미제출한공급가액×0.5%)

매출액이 1억 원이고 매입세액이 없을 경우 납부해야 할 부가세는 1천만 원이다. 이 경우 신고를 먼저 하고 6개월 후에 납부를 한 경우와 6개월 후에 신고와 납부를 함께 했을 경우의 세금 차이를 살펴보자.

신고는 정상적으로 하고 6개월 후 납부할 경우 미납일수 180일에 해당하는 납부불성실가산세 396,000원(1천만 원×22/100,000×180일)만을 납부하면 된다. 그러나 6개월 후 신고하고 납부할 경우 신고불성실가산세 2,000,000원(1천만 원×20%)과 세금계산서 합계표 제출 불성실가산세 500,000원(1억 원×0.5%)을 합쳐 2,500,000원을 추가로 납부해야 한다. 제때 신고만 해도 가산세 2,500,000원을 줄일 수 있다.

구 분	신고(미납부)	무신고	계 산
납부세액	10,000,000	10,000,000	1억 × 10%
신고불성실가산세	–	2,000,000	납부세액 × 20%
납부불성실가산세	396,000	396,000	미납세액 × 22/100,000 × 180(일)
세금계산서합계표 제출불성실가산세	–	500,000	합계표미제출한공급가액 *0.5%
가산세 계	**396,000**	**2,896,000**	**차익 2,500,000**

4장

인스타그램(SNS) 사업자가 소득세를 모르면 망한다?

5월은 소득세 신고를 해야 한다, "종합소득세"

사업자는 5월에 소득세 신고를 해야 한다

사업자는 1년간 벌어들인 모든 소득에 대해 다음 해 5월 1일부터 5월 31일(성실신고 대상자는 6월 30일)까지 종합소득세를 신고하고 납부해야 한다. 사업소득 이외에 근로소득, 연금소득, 이자소득, 배당소득, 기타소득이 있다면 합산해서 신고해야 한다.

근로소득만 있는 직장인들은 연말정산으로 소득세 신고를 대신한다. N잡러가 대세인 요즘, 사업자등록을 하고 부업을 한다면 반드시 근로소득과 합산해서 신고해야 한다. 근로소득과 사업소득을 합산해서 신고하므로 추가적인 세금이 발생하기도 한다. 소득세 신고는 개인이 한 해 동안의 모든 소득에 대해 과세하기 때문에 빠뜨리지 않고 신고하는 것이 중요하다.

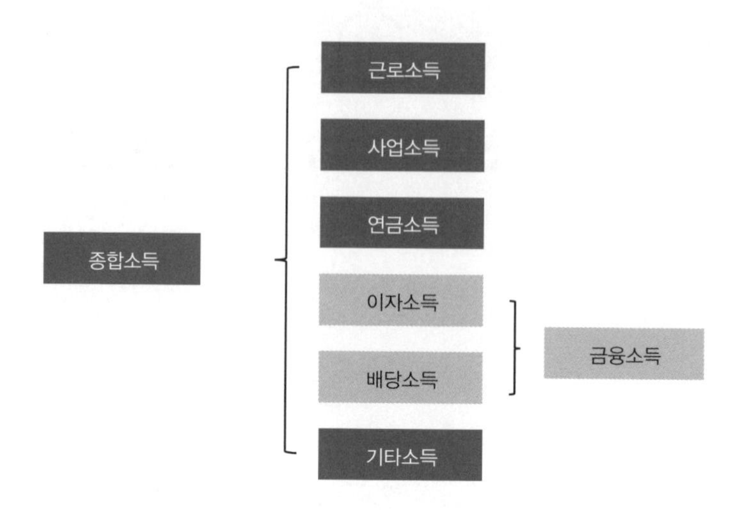

추계신고와 장부신고가 뭐예요?

소득세를 계산하기 위해서는 꼭 알아야 하는 2가지가 있다. 수입금액과 필요경비다. 다시 말하면 1년 동안 판매한 매출액과 매출을 일으키기 위해 투입된 비용이다. 매출액에서 비용을 빼면 1년 동안 벌어들인 소득금액을 계산할 수 있게 된다.

매출액은 부가세 신고를 통해 결정된다. 모든 사업자는 부가세 신고를 한다. 부가세 신고를 하지 않으면 소득세 신고를 할 수 없다. 그래서 세무서에서는 부가세 신고를 하지 않았을 경우 신고 안내를 계속한다. 때에 따라서는 세무서에서 직권으로 매출액을 결정하기도 한다. 이는 부가세뿐만 아니라 소득세를 부과하기 위함이기도 하다.

소득금액은 매출액에서 비용을 차감해 계산한다. 추계신고와 장부신고는 비용 즉, 필요경비를 계산하는 방법이다. 추계신고는 필요경비를 증빙에 의해 계산하지 않고 일정한 비율에 의해 결정하게 된다. 장부신고는 증빙을 근거로 기록해서 필요경비를 직접 계산한다.

추계신고에는 단순경비율과 기준경비율이 있고, 장부신고에는 간편장부와 복식부기가 있다. 이 4가지 중 하나의 방법을 선택해서 소득금액을 계산해야 한다.

소득세 신고 유형 4가지

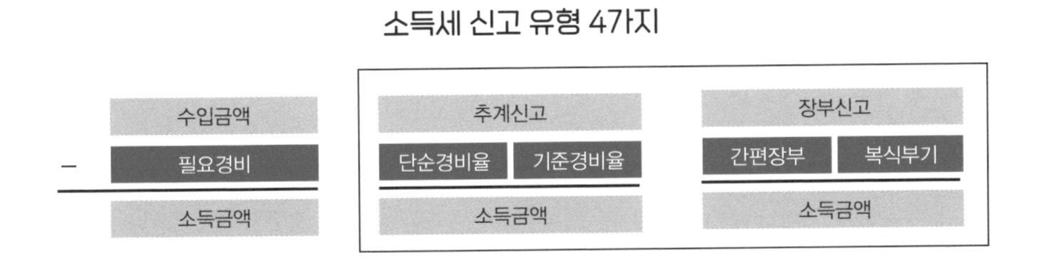

단순경비율? 기준경비율?

모든 사업자는 스스로 본인의 소득금액을 계산해야 한다. 그러나 장부를 비치 · 기장하지 않는 사업자의 소득금액을 계산할 때 단순경비율과 기준경비율 중 1가지 방법으로 계산하게 된다.

경비율은 소득금액을 추계결정 또는 경정할 때 적용하는 경비율로 단순경비율과 기준경비율이 있다.

추계 신고	단순경비율	소득금액 = 수입금액 x 단순경비율
	기준경비율	소득금액 = 수입금액 – (수입금액 x 기준경비율) – 주요경비

*주요경비: 매입비용, 임차료, 인건비

단순경비율의 경우 필요경비 전부를 경비율에 의해 계산되지만, 기준경비율은 증빙에 의해 주요경비를 인정받고 추가로 기타경비는 기준경비율에 의해 인정받게 된다. 따라서 기준경비율 대상자는 주요경비를 인정받기 위해 증빙을 꼭 수취해야 한다. 주요경비에 대한 지출을 증빙으로 입증하지 못하면 세금 부담이 증가하게 된다.

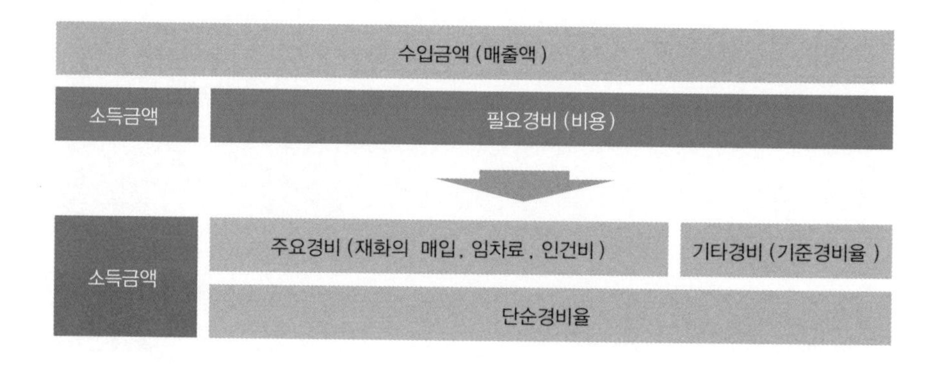

기준경비율 대상자 주요경비 챙기지 않으면 세금폭탄 맞는다

소득세를 장부에 의해 신고하지 않고 추계로 신고하는 경우 직전 연도 수입금액이 일정 금액 이상이면 기준경비율로 소득세 신고를 해야 한다. 기준경비율 대상자의 필요경비에는 주요경비와 기타경비가 있다.

주요경비는 매입비용, 임차료, 인건비다. 주요경비는 증빙에 의해 비용으로 인정받게 된다. 기타경비는 기준경비율만큼 인정받는다. 기타경비를 결정하는 기준경비율은 2021년 귀속 전체업종 평균 13% 정도다. 업종별로는 도소매업의 경우 6%, 제조업 11%, 정보통신업 21%, 숙박 및 음식점업 14%, 부동산업 15%다.

기준경비율 대상자가 주요경비를 증명하지 못한다면 비용으로 인정받을 수 있는 비율이 평균 13%라는 말이다. 이는 반대로 해석하면 매출액의 87%가 소득금액이라는 뜻이다. 주요경비를 챙겨야 세금폭탄을 피할 수 있다.

SNS 마켓 사업자 단순, 기준경비율(2022 귀속)

세세분류	적용 범위	단순 경비율	기준 경비율
SNS 마켓 사업자 (525104)	블로그 · 카페 등 각종 사회관계망서비스(소셜네트워크서비스, SNS) 채널을 이용하여 물품 판매, 구입 알선, 중개 등을 통해 수익을 얻는 산업활동	86.0%	**5.9%**
기타 개인서비스업 (940909)	컴퓨터 프로그래머, 조율사, 전기 · 가스 검침원 등 달리 분류되지 않은 기타 자영업으로서 독립된 자격으로, 고정보수를 받지 아니하고 그 실적에 따라 수수료를 받는 경우 포함 〈제외〉 · 1인 미디어 콘텐츠 창작자(940306)	64.1%	**17.0%**
(과세) 미디어 콘텐츠 창작업(921505)	인적 또는 물적 시설을 갖추고 인터넷 기반으로 다양한 주제의 영상 콘텐츠 등을 창작하고 이를 영상 플랫폼에 업로드하여 시청자에게 유통하는 자로서 수익이 발생하는 산업	76.2%	**17.7%**
(면세) 1인 미디어 콘텐츠 창작자 (940306)	인적 시설과 물적 시설 없이 인터넷 기반으로 다양한 주제의 영상 콘텐츠 등을 창작하고 이를 영상 플랫폼에 업로드하여 시청자에게 유통하는 자로서 수익이 발생하는 산업활동 인적 용역자의 콘텐츠 창작 등에 따른 수입 포함 (예시) 유튜버, BJ, 크리에이터 등	64.1%	**15.1%**

주요경비는 매입비, 임차료, 인건비

2021년 기준 1,532개 업종의 평균 기준경비율은 13.1%다. 따라서 기준경비율 대상자가 추계로 소득세 신고를 할 경우 주요경비를 챙기지 않으면 매출액의 86.9%를 소득금액으로 계산해야 한다는 의미다. 결국 주요경비를 챙기지 않으면 세금 부담이 급격하게 커지게 된다.

소득금액 = 수입금액(매출액) − **주요경비** − 기준경비(수입금액×기준경비율)

기준경비율로 소득금액을 계산할 때 수입금액에서 공제하는 주요경비의 범위는 다음과 같다.

주요경비의 범위

종 류	내 용	증빙서류
매입비용	재화(상품·제품·재료·소모품 등 유체물과 동력·열 등 관리할 수 있는 자연력)의 매입과 외주가공비 및 운송업의 운반비	세금계산서, 계산서, 신용카드 매출전표 등 정규증빙서류
임 차 료	임차료는 사업에 직접 사용하는 건축물, 기계장치 등 사업용 고정자산의 임차료	
인 건 비	종업원의 급여·임금 및 일용근로자의 임금과 실제 지급한 퇴직금	원천징수영수증·지급조서를 세무서에 제출하거나 지급관련 증빙서류를 비치 보관

*간이세금계산서나 일반영수증을 수취한 금액은「주요경비지출명세서」를 제출

주요경비에서 제외되는 경우

종 류	내 용
매입비용	- 음식료 및 숙박료 - 창고료(보관료), 통신비 - 보험료, 수수료, 광고선전비(광고선전용 재화의 매입은 매입비용으로 함) - 수선비(수선·수리용 재화의 매입은 매입비용으로 함) - 사업서비스, 교육서비스, 개인서비스, 보건서비스 및 기타 서비스(용역)를 제공받고 지급하는 금액 등 - 기부금 등 사업과 직접 관련 없는 지출금액
임 차 료	- 리스료(금융리스, 운용리스)는 임차료에 포함하지 않음 - 오픈마켓 운영 사업자에게 지급하는 판매 수수료
인 건 비	- 종업원에게 제공한 식사, 피복 등 복리후생비는 인건비에서 제외 - 사업소득인 자동차판매원에 대한 수당은 주요경비(인건비)에 포함되지 않음

'복식부기 의무자'와 '간편장부 대상자'

사업자는 사업 관련 모든 거래 사실을 증빙에 의해 기록하고 보관해야 한다. 복식부기 의무자는 자산, 부채, 자본과 수익, 비용을 이용한 복식장부를 작성해야 한다. 간편장부 대상자는 수입 · 지출을 일자별로 기록하면 된다.

간편장부 대상자가 복식부기나 간편장부로 기장하지 않으면 적자가 발생해도 인정받지 못하고, 무기장 가산세 20%를 추가로 납부해야 한다. 간편장부 대상자가 복식부기로 기장 · 신고하는 경우에는 기장세액공제 20%를 받을 수 있다.

복식부기 의무자가 장부를 기장하지 않고 기준경비율에 의해 신고하지 않는 것으로 보아 무신고 가산세(가산세 대상 금액의 20%와 수입금액의 7/10,000 중 큰 금액)를 부담해야 한다. 장부의 기장의무 판단은 직전 연도 업종별 수입금액을 기준으로 판단한다.

SNS 마켓 사업자 및 1인 미디어 콘텐츠 창작자 기장의무

기장신고		업 종	추계신고	
복식부깅의무자	간편장부의무자		기준경비율 적용	단순경비율 적용
3억 원 이상	3억 원 미만	SNS마켓 사업자	6천만 원 이상	6천만 원 미만
1억 5천만 원 이상	1억 5천만 원 미만	미디어 콘텐츠 창작업(과세사업자)	3천 6백만 원 이상	3천 6백만 원 미만
7천 5백만 원 이상	7천 5백만 원 미만	미디어 콘텐츠 창작업(면세사업자)	2천 4백만 원 이상	2천 4백만 원 미만

소득세 신고 유형 모르면 가산세!

5월은 종합소득세 신고의 달이다. 소득세 신고 때가 되면 세무 상담을 많이 하게 된다. 세무 상담 시 꼭 가져오라고 하는 것이 있다. 바로 국세청에서 보내준 소득세 안내문이다. 소득세 안내문에는 신고에 필요한 많은 정보가 들어있다.

특히, 소득세 신고 유형에 대한 내용이다. 소득세 신고 유형에는 성실신고 확인, 자기조정, 외부조정, 간편장부, 기준경비율, 단순경비율이 있다. 소득세 신고 때 신고 유형을 잘못 선택해서 세금을 잘못 계산하게 된다거나, 무신고 등으로 가산세를 내지 않도록 주의해야 한다.

종합소득세 신고 안내 유형

<table>
<tr><th>유형</th><th>대상</th><th>장부 작성
의무</th><th>추계신고 시
경비율</th></tr>
<tr><td>S</td><td>성실신고 확인 대상자</td><td>복식/간편</td><td>기준/단순</td></tr>
<tr><td>A</td><td>세무 대리인이 장부를 써야 하는 복식부기 의무자</td><td rowspan="3">복식부기</td><td rowspan="4">기준경비율</td></tr>
<tr><td>B</td><td>직접 장부를 써도 되는 복식부기 의무자</td></tr>
<tr><td>C</td><td>복식부기 의무자인데 추계신고했던 사업자</td></tr>
<tr><td>D</td><td>규모가 큰 간편장부 대상자</td><td rowspan="4">간편장부</td></tr>
<tr><td>E</td><td>규모가 작은 간편장부 대상자</td><td rowspan="3">단순경비율</td></tr>
<tr><td>F</td><td>사업소득뿐이며 낼 세금이 있는 간편장부 대상자</td></tr>
<tr><td>G</td><td>사업소득뿐이며 낼 세금이 없는 간편장부 대상자</td></tr>
<tr><td>I</td><td>국세청이 특별히 성실신고 주의를 준 사업자</td><td rowspan="2">복식/간편</td><td>기준/단순</td></tr>
<tr><td>V</td><td>주택임대소득 분리과세를 선택한 임대사업자</td><td></td></tr>
</table>

① S **유형 :** 성실신고 확인 대상자로 당해연도 매출액이 일정 규모 이상일 경우 해당한다.

성실신고 대상자

업종	매출액
농업, 임업, 어업, 광업, 도소매업(SNS 마켓)	15억 원 이상
제조업, 숙박음식업, 운수창고업, 정보통신업, 금융보험업	7억 5천만 원 이상
부동산임대업, 서비스업	5억 원 이상

②**A 유형 :** A 유형은 반드시 세무 대리인을 통해 복식부기 장부에 의한 신고를 해야 한다. 세무 대리인을 통하지 않고 신고할 경우 무신고로 간주하여 가산세를 내야 한다.

③**B 유형 :** B 유형은 장부 작성에 의한 복식부기로 신고해야 한다. B 유형은 세무 대리인을 통하지 않고 직접 신고해도 된다.

④**C 유형 :** C 유형은 전년도 장부에 의한 복식부기로 신고하지 않고 추계로 신고한 사업자가 해당한다. 당해연도에는 반드시 복식부기로 신고해야 한다. 간편장부나 추계로 신고할 경우 무신고로 간주해서 무신고 가산세를 내게 된다.

⑤**D 유형 :** 직전 연도 매출액이 기준경비율 신고 대상인 사업자가 해당한다.

기준경비율, 단순경비율 대상자

업종	기준경비율	단순경비율
농업, 임업, 어업, 광업, 도소매업(SNS 마켓)	6천만 원 이상	6천만 원 이상
제조업, 숙박음식업, 운수창고업, 정보통신업, 금융보험업	3천 6백만 원 이상	3천 6백만 원 이상
부동산임대업, 서비스업	2천 4백만 원 이상	2천 4백만 원 이상

⑥**E, F 유형 :** E, F 유형은 간편장부로 신고해도 가산세가 없다. 장부에 의해 신고하지 않고 추계로도 신고할 수 있다. 추계로 신고할 경우

단순경비율로 신고하면 된다. 이 경우 경비율이 높아 추가 납부세액이 많지 않다.

⑦ **G 유형 :** G 유형은 간편장부 대상자로 추계로 단순경비율로 신고할 경우 소득세가 없는 경우다.

⑧ **I 유형 :** I 유형은 국세청이 관심을 갖고 신고내용을 검토하겠으니 성실하게 신고하라는 의미로 소득세 신고 시 주의가 필요하다.

홈택스에서 나의 신고 안내유형 확인하기

홈택스에서 나의 신고 유형과 기장의무를 쉽게 확인할 수 있다. 종합소득세 신고 시 신고 유형과 기장의무를 잘못 적용해서 가산세를 내는 경우를 가끔 보게 된다. 대부분 세무 전문가의 도움 없이 혼자서 신고하다가 발생한다. 홈택스에서 소득세 신고를 하다 보면 선택해야 하는 사항들이 많이 있다. 모르면 멈추고, 정확하게 확인하고 다시 진행해야 한다.

- **홈택스 ➜ 공인인증서 로그인 ➜ 신고/납부 ➜ 종합소득세 ➜ 신고도움서비스**

● 안내유형, 기장의무 확인

기본사항	신고시 유의할 사항	신고 참고자료	신고상황 종합분석	주택임대소득 참고자료

I. 기본사항

성 명	테***	생 년 월 일	80.01.01
신고안내유형	주택임대소득(V)유형	ARS 개별인증번호	
기장의무구분		추계신고시 적용경비율	

● 소득종류 및 수입금액 참조자료

기본사항	신고시 유의할 사항	신고 참고자료	신고상황 종합분석	주택임대소득 참고자료

IV. 종합소득세 신고 참고자료

아래 자료는 2021년 3월말까지 수집된 자료로서 실제 내용과 다를 수 있으므로 실제 소득내용대로 성실하게 신고하여 주시기 바랍니다.

2020년 귀속 사업장별 수입금액 현황

사업자 등록번호	상호	수입종류 구분코드	업종 코드	수입 금액	사업 형태	기장 의무	기준경비율		단순경비율		주요 원천 징수의무자
							일반	자가	일반 (기본)	자가 (초과)	
조회된 내역이 없습니다.											
총 계				0원							

사업소득 외 합산대상 타소득 자료 유무

일괄조회

· 타소득 자료유무를 O, X로 표시함(안내문 기준)

소득종류	이자	배당	근로		연금	기타
			단일	복수		
해당여부	X	X	X	X	X	X

※ 종교인기타 소득유무 : (X)
※ 2천만원 이하 주택임대수입금액 : 4,295,000원

더하기, 빼기, 곱하기만 알면 소득세 계산할 수 있다

세금을 계산하기 위해 세법에서는 각각의 계산 방법을 정해놓았다. 세금별로 세금을 계산하는 공식이 있다. 세금 계산 공식을 알아야 내가 내게 될 세금을 예상하고 절세 준비를 할 수 있다.

세금 계산에 대해 많은 사업자가 어렵게 생각한다. 소득세 세금 계산 구조에는 더하기, 빼기, 곱하기밖에 없다. 계산이 어려운 것이 아니라 용어가 어려워서 힘들게 생각한다. 총 수입금액, 필요경비, 소득공제, 과

세표준 등 용어가 생소해서 계산을 포기하게 된다. 필자는 세무 상담 시 세무 용어를 사용하지 않고 설명하려 노력한다. 세무 용어를 줄이고 계산구조를 단순화해서 설명하면 좀 더 쉽게 이해하는 것 같다.

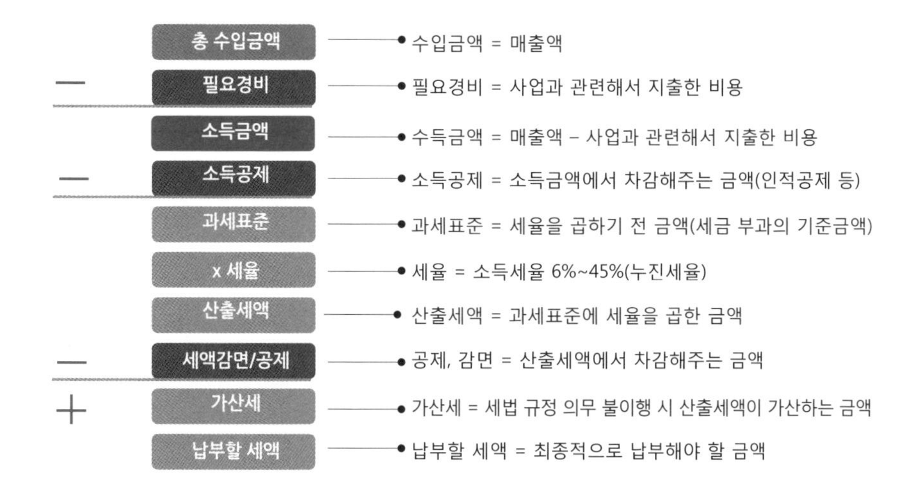

세금을 줄이는 공식이 있다

"세금을 줄이려면 어떻게 해야 하나요?"

사업자들이 가장 많이 하는 질문이다. 세금은 수입에서 경비를 뺀 소득에 세율을 곱해서 계산된다. 세금을 줄이는 방법은 경비 처리를 잘하면 된다. 사업과 관련해서 지출한 경비 즉, 비용을 어떻게 빠짐없이 장부에 반영하느냐가 핵심이다. 장부에 반영하려면 증빙이 있어야 한다.

지출을 증명하는 증빙이 없으면 소득이 늘어나고 늘어난 소득금액에 추가로 소득세율(6%~45%)만큼 세금을 부담하게 된다. 즉, 1,000만 원 상당의 증빙을 받지 못했다면 소득세로 최소 6%에 해당하는 60만 원에서 최대 소득세율 45%에 해당하는 450만 원을 추가로 납부해야 한다.

사업과 관련해서 지출할 경우 사업용 신용카드로 사용하고 홈택스에 등록한다면 증빙을 챙기지 못해서 억울하게 세금을 추가로 납부하는 일은 없을 것이다.

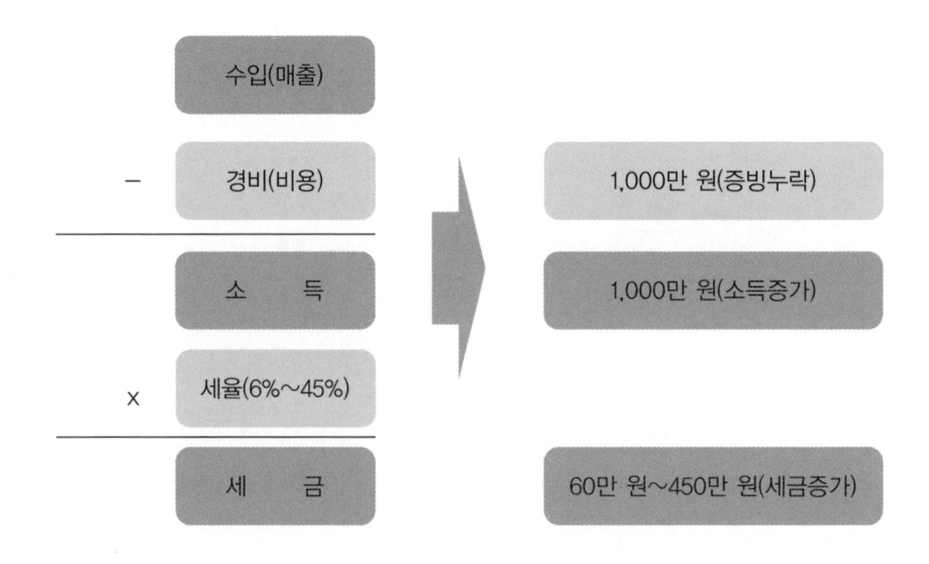

'개인용 카드'와 '사업용 카드'를 구분하라

SNS 마켓 사업자의 경우 소셜미디어 활동에 들어가는 모든 것들이 경비에 해당된다. 상품을 구매하고, 사용하는 모습을 SNS에 홍보하고, 팔로워 수를 늘리고 유지하기 위한 모든 활동이 사업과 관련되어 있다고 봐야 한다. 생활용품 등 가정에서 생활과 밀접한 상품을 판매하는 경우 SNS 활동에 들어가는 지출 중 개인적인 경비와 사업에 들어가는 경비를 구분하기는 쉽지 않다.

개인적인 경비와 사업적인 경비를 정확하게 구분하기는 쉽지 않다. 구분하기 쉽지 않다고 생활비 전체를 비용으로 인정받을 수는 없다. 필자는 신용카드를 개인용과 사업용으로 구분해서 사용하라고 알려준다. 100% 정확하게 구분하여 사용하기는 쉽지 않을 것이다. 용도를 구분하면 사용할 때 개인 목적인지, 사업목적인지 한 번 더 고민하게 된다. 구분 없이 사용하면 사용 금액 전체를 경비로 인정받지 못할 수도 있다.

1천만 원 매출 누락하면 세금을 얼마나 더 내야 할까?

"통장으로 받은 수수료가 있는데 꼭 신고해야 하나요?"

"국세청이 알고 있을까요?"

"신고 안 하면 세무조사 받나요?"

세무조사를 받는 가장 대표적인 사례는 매출 누락과 가공경비 2가지다. 그중에서도 매출 누락은 가공경비에 비해 세금 추징이 더 많다. 개인은 부가세와 소득세, 법인일 경우에는 부가세, 법인세와 대표이사에 대한 소득세까지 납부하게 된다.

SNS 마켓 사업자의 매출 누락은 대부분 사업자로부터 받은 판매수수료와 SNS 등을 통하여 자기 물품을 판매하거나 구매대행을 하고 통장으로 대금을 받은 경우가 많다. 사업자로부터 받은 판매수수료는 원칙적으로 매출 세금계산서를 발행해야 하고, 소비자로부터 물품 등을 판매하고 통장으로 입금받았을 때는 현금영수증을 의무 발급해야 한다. 현금영수증을 미발급하게 되면 부가세, 소득세와 별개로 미발급금액에 20%에 해당하는 가산세를 추가로 납부하게 된다.

매출 누락은 세금폭탄을 안고 사업을 하는 거와 같다. "설마 내가 걸리겠어"라고 행운을 기대하기에는 너무나도 위험하다.

1천만 원 매출 누락 시 세금 비교

구분			법인사업자	개인사업자	비고
부가세	본세		1,000,000	1,000,000	**매출누락금액 1,000만 원**
	가산세	세금계산서미발급가산세	200,000	200,000	공급가액의 2%
		신고불성실가산세(부정)	200,000	200,000	과소납부세액의 20% (40%)
		납부지연가산세	80,300	80,300	과소납부세액의 미납기간 1일당 0.022% (1년 설정)
		계	480,300	480,300	
	합계		**1,480,300**	**1,480,300**	
법인세 (소득세)	본세		2,100,000	4,500,000	법인 한계세율 21%, 개인 한계세율 45% 가정
	가산세	신고불성실가산세(부정)	420,000	900,000	과소납부세액의 20% (40%)
		납부지연가산세	168,630	361,350	과소납부세액의 미납기간 1일당 0.022% (1년 설정)
		계	588,630	1,261,350	
	법인 대표이사 상여처분 소득세		4,500,000	-	한계세율 45% 가정
	합계		**7,188,630**	**5,761,350**	
총계			**8,668,930**	**7,241,650**	

매출액이 같으면 세금도 같을까?

"매출액이 같은데 왜 소득세는 다르게 나오나요?"

5월 소득세 신고 시 자주 받는 질문이다. 아마도 주변의 다른 사업자와 비교해 본 뒤 한 질문일 것이다. 소득세 계산구조는 매출액에서 필요경비를 차감한 소득금액에서 소득공제 후, 산출세액에서 세액공제와 감면을 차감하게 된다.

소득세 계산구조상 세금이 같아지려면 매출액만 같아서는 안 된다. 필요경비도 같아야 하고, 소득공제도 같아야 한다. 또한 세액감면과 공제도 같아야 한다. 비록 같은 업종의 사업을 한다고 해도 모든 조건이 같을 수는 없다.

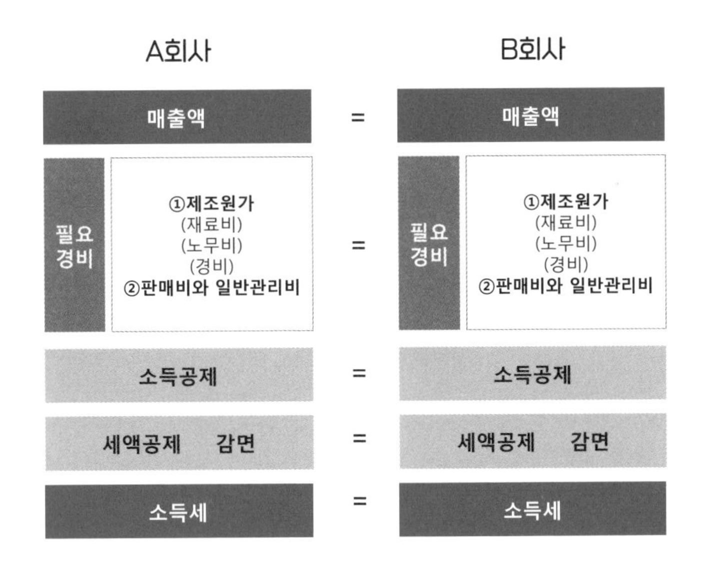

제조업의 필요경비 구성은 제조원가 · 판매비 · 일반관리비로 나뉜다. 이 중 제조원가는 다시 원재료비 · 노무비 · 경비로 나뉘고, 판매비와 일

반관리비의 경우 임대료 등 더욱 많은 계정과목으로 구성된다.

똑같은 제품을 생산한다고 하더라도 모든 조건이 같을 수는 없다. 따라서 매출액이 같다고 해서 세금도 같을 수는 없다. 회사마다 다른 원가구조와 손익구조를 갖추고 있기 때문이다.

중요한 것은 단순히 세금을 비교하는 것보다는 소득세 계산구조에서 무엇이 다른가를 비교한 다음, 필요경비 중 줄일 항목이 있다면 줄이고 공제감면 받을 항목이 있다면 적극적으로 공제받아 세금을 줄이는 것이다.

기장을 꼭 해야 하는 이유

사업자가 사업과 관련하여 지출한 경비를 증빙을 근거로 필요경비를 계산하고, 이를 근거로 소득금액을 계산하는 기장신고자는 직전 연도 수입금액에 따라 간편장부 대상자와 복식부기 의무자로 나뉜다. 흔히 세무사 사무실에 세무 업무를 위임할 때 '기장을 맡긴다'라고 말한다. 기장신고를 하기 위해서는 세무신고 관련 전문지식과 프로그램도 있어야 한다. 사업자 개인이 기장을 하기에는 어려움이 있으므로 세무사 사무실과 기장 계약을 하고 위임한다.

사업자가 기장으로 신고하면 적극적으로 경비를 인정받을 수 있어 세금 부담이 줄어들고 금융기관 등과 거래 시 필요한 재무제표를 발급받을 수 있다. 또한 각종 세액공제 적용이 가능하고 이월결손금도 공제받을 수 있다.

기장하면 좋은 점

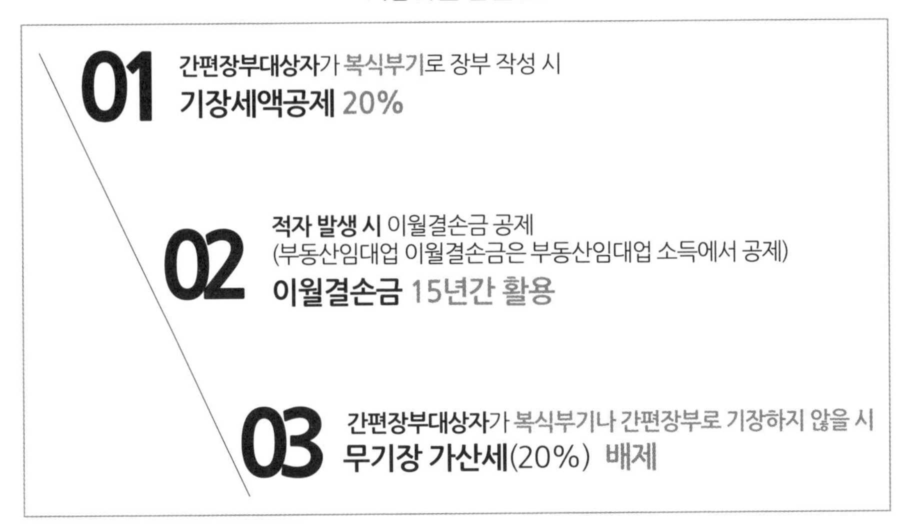

기장신고 대상자가 되었다면 가급적 빠른 시기에 세무사의 도움을 받아 세금 신고 계획을 준비하는 것이 유리하다. 5월 31일 소득세 신고 기한을 얼마 남겨놓지 않고 방문하면 너무 늦어서 줄일 수 있었던 세금을 억울하게 부담하게 된다. 세금은 미리 준비하지 않으면 절세할 수 없다. 각각의 세금 신고는 신고 기한이 있다. 신고가 마감되기 전에 미리 준비해야 하는 이유다.

소득세, 기장하면 줄일 수 있나요?

기장이란 세금계산서, 신용카드 매출전표, 영수증과 같은 증빙을 근거로 거래 사실을 장부에 기록하는 것을 의미한다. 수입과 지출을 장부에 빠짐없이 기록해서 정확한 이익을 계산하게 된다.

이익을 계산하지 못하면 세금을 계산할 수 없고, 세금을 줄일 수도 없다. 그러나, 사업자들 대부분이 이익을 계산하지 못한다. 필자는 기장의 목적이 세금 계산이 전부라고 생각하지 않는다. 기장을 통해 사업 전반의 내용을 파악할 수 있고, 이익을 극대화하기 위한 의사결정 자료를 확보할 수 있게 된다.

세금은 이익을 기준으로 계산된다. 즉, 매출액이 같다고 세금이 같지는 않다. 세금 계산의 기준이 되는 이익이 같아야 세금이 같아진다. 기장을 통해 정확한 이익을 계산하고 매출 증대, 원가절감 등 회사 경영에 필요한 의사결정을 제때 할 수 있다면 세금보다 더 중요한 이익을 극대화할 수 있다. 즉, 이익을 늘리는 것이 세금을 줄이는 것보다 우선한다.

적자면 꼭 기장을 해야 한다

사업에서 결손금이 발생했다는 의미는 수입보다 지출이 많아 손해를 입었다는 뜻이다. 상담 시 사업 첫해 적자를 보는 사업자를 자주 접하게 된다. 사업을 처음 시작하다 보니 세금에 대한 충분한 사전 지식 없이 개업하게 되고, 세금 신고 기한이 임박해서야 급하게 찾아온다. 개업 첫해 손실을 보게 되면 세법에서는 발생 연도를 기준으로 15년간 이월해서 추후 기업의 이익에서 차감해서 공제해준다.

개업 연도에 상당한 적자가 발생했음에도 불구하고 장부를 기장하지 않아서 세금을 납부하는 경우를 봤다. 2018년 10월에 대형 음식점을 창업하고 2019년 7월 부가세 신고 기간에 찾아왔다. 2018년 부가세 신고는 초기 투자 비용이 많아 환급되었고, 2018년 귀속 소득세 신고는 매출이 크지 않아 납부할 세금이 없었다고 한다. 모두 사업자가 홈택스로 직접 신고했다.

상담해 본 결과, 2018년 장부 기장을 했다면 1억 원 정도 손실이 예상되었다. 2019년도 예상 소득은 1억 원 정도로 소득세 2천만 원이 예상되었다. 개업 연도인 2018년에 장부 기장했더라면 2019년 소득 1억 원에서 2018년 결손금 1억 원이 공제되어 2019년 소득세 2천만 원은 안 낼 수 있었다.

2018년 무기장 시

귀속	2018년	2019년
신고유형	단순경비율	복식부기
매출액	30,000,000	1,000,000,000
필요경비	26,910,000	900,000,000
소득금액	**3,090,000**	100,000,000
이월결손금		-
과세표준	과세미달	100,000,000
세율		35%
세금	**없음**	**20,100,000**

2018년 기장 시

귀속	2018년	2019년
신고유형	복식부기	복식부기
매출액	30,000,000	1,000,000,000
필요경비	130,000,000	900,000,000
소득금액	**100,000,000**	100,000,000
이월결손금		**100,000,000**
과세표준	과세미달	-
세율		
세금	**없음**	**없음**

적자가 났다면 기장을 통해 결손금으로 인정받고 세금을 줄일 수 있다. 5월은 소득세 신고의 달이다. 개인사업자라면 반드시 5월 31일까지

소득세 신고를 해야 한다. 소득세는 1년 동안의 소득에 대해서 납부하는 세금이다. 소득이 없으면 납부할 세금도 없다.

5월 소득세 상담할 때 적자를 봤으니 세금 신고를 하지 않아도 된다고 생각하는 사업자들을 많이 만난다. 소득세는 국세청에서 세금을 결정 · 고지하는 것이 아니라 납세자가 자진신고 · 납부하게 되어 있다. 사업자가 적자가 난 사실을 인정받기 위해서는 증빙을 근거로 한 장부를 기장해야 한다. 그리고 적자로 인해 납부할 세금이 없더라도 소득세 신고는 해야 한다. 신고를 통해 적자 금액(결손금)은 앞으로 15년 내 발행하는 소득에서 공제받을 수 있다.

개인사업자의 성실신고 확인제도

개인사업자는 매년 5월까지 종합소득세 신고를 한다. 그러나 수입금액이 일정 규모 이상으로 성실신고 확인 대상자가 되면 6월에 신고한다. 성실신고 확인제도는 개인사업자가 종합소득세 신고를 할 때 장부기장 내용의 정확성 여부를 세무사 등에게 확인받게 함으로써 성실한 신고를 유도하기 위해 도입된 제도다.

성실신고 확인자는 세무사, 공인회계사, 세무법인, 회계법인이다. 사업자의 장부기장 내역과 과세소득의 계산 등 성실성을 확인하기 위해서는 세무 전문가의 공공성과 전문성이 필요하다. 성실신고 확인자가 사업자의 성실신고 확인을 제대로 하지 못한 사실이 세무조사 등을 통해 밝혀지면 징계를 받게 된다. 따라서 사업자의 매출 누락, 가공 경비 계상, 업무 무관 경비 계상, 가공인건비 확인 등 장부기장 내용을 엄격하게 확인한 후 성실신고 확인서를 제출해야 한다. 징계를 감수하고 부실하게 성실신고 확인서를 제출하는 세무 대리인은 없다.

성실신고 대상자는 업종별 매출액을 기준으로 일정 금액 이상인 경우로 매출액이 큰 사업자가 많다. 성실신고 확인 대상자가 된다는 것은 매출액이 동종업종의 사업자보다 크다는 것이다. 이는 즐거운 일이기도 하다.

필자는 만약 성실신고 확인 대상자가 된다면 법인전환을 권유한다. 법인이 개인보다는 자금조달이 쉽고, 대외 신용도가 높아지며, 개인사업자에 비해 세율이 낮다. 그러나 이외에도 법인전환 시 고려해야 할 사항들은 많다. 전문가와 충분히 검토한 후 결정하기를 권한다.

개인 사업자 성실신고 확인제도

수입금액이 업종별로 일정규모 이상인 개인사업자가 종합소득세를 신고할 때
장부기장내용의 정확성 여부를 세무사 등에게 확인 받은 후 신고하게 함으로써
개인사업자의 성실한 신고를 유도하기 위해 도입

구분	18귀속부터
1. 농업·임업 및 어업, 광업, 도매 및 소매업(상품중개업을 제외한다), 부동산매매업, 그 밖에 제2호 및 제3호에 해당하지 아니하는 사업	해당연도 수입금액 15억 원 이상
2. 제조업, 숙박 및 음식점업, 전기·가스·증기 및 공기조절 공급업, 수도·하수·폐기물처리·원료재생업, 건설업(비주거용 건물 건설업은 제외), 부동산 개발 및 공급업(주거용 건물 개발 및 공급업에 한함), 운수업 및 창고업, 정보통신업, 금융 및 보험업, 상품중개업	해당연도 수입금액 7.5억 원 이상
3. 부동산 임대업, 부동산업(부동산매매업은 제외한다), 전문·과학 및 기술 서비스업, 사업시설관리·사업지원 및 임대서비스업, 교육 서비스업, 보건업 및 사회복지 서비스업, 예술·스포츠 및 여가관련 서비스업, 협회 및 단체, 수리 및 기타 개인 서비스업, 가구내 고용활동 *[별표3의3] 사업서비스업[1]	해당연도 수입금액 5억 원 이상

성실신고확인 지원

1.신고. 납부기한 연장 (6.30까지)
2.성실신고 확인비용 세액공제 (100분의 60, 120만 원 한도)
3.의료비 · 교육비 · 월세세액공제

성실신고위반 제재

1.가산세 부과 (산출세액X5%)
2.세무조사대상 선정
3.세무사 제재 (등록취소,직무정지,과태료)

*[별표3의3] 사업서비스업
변호사업, 공인회계사업, 세무사업, 변리사업, 건축사업, 법무사업, 심판변론인업, 경영지도사업, 기술지도사업, 감정평가사업, 손해사정인업, 통관업, 기술사업, 측량사업, 공인노무사업[1]

02

"소득세"를 줄이는 5가지 방법

소득세 절세 계산구조를 알아야 한다

"업종도 같고 매출액도 비슷한데 왜 제 소득세가 더 많은가요?"

결론부터 말하자면 업종과 매출액이 비슷하더라도 세금은 다를 수 있다. 왜냐하면 사업의 조건과 환경이 같지 않기 때문이다. 또한 계산구조상 소득금액이 같더라도 각종 공제 · 감면사항이 다르기에 소득세가 전부 같을 수 없다.

세무사 사무실의 경우를 살펴보자. 매출액도 비슷하고 업종도 같은 세무사 사무실이라도 사무실의 위치에 따라서 임대료도 달라질 수 있다. 또한 직원의 업무능력과 경력에 따라 직원의 숫자도 같지 않다. 창업의 형태에 따라서 다를 수도 있다. 사업자금을 은행 대출을 받아서 시작했다면 이자 비용을 추가로 부담해야 한다. 이처럼 매출액과 업종이 같다 하더라도 세금까지 같을 수는 없다. 그러나 소득세의 계산구조를 이해한다면 나만의 절세비법을 찾을 수 있다.

소득세 계산구조는 총 수입금액(매출액)에서 필요경비(비용)를 차감하면 소득금액이 된다. 소득금액에서 소득공제를 빼면 과세표준이 되고, 이 과세표준에 세율을 곱하면 산출세액이 계산된다. 여기에 각종 세액공제와 감면을 빼면 납부할 세액이 계산된다. 계산구조를 잘 살펴보면 절세의 방법이 보인다. 납부세액을 줄일 수 있는 차감 항목들을 최대화하는 것이 절세의 비법이다.

소득세 절세 계산구조

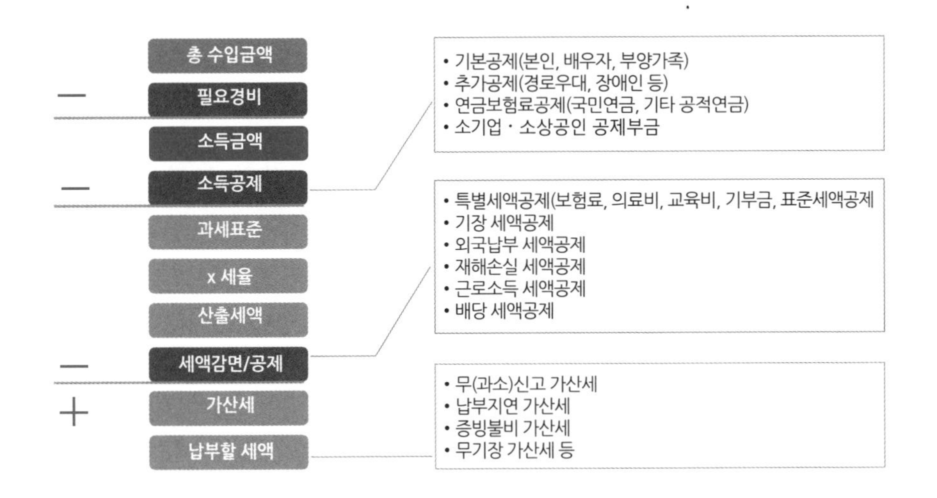

'경비, 비용, 지출' 필요경비가 뭐야?

소득세 신고 시 단골 질문이 있다.

"세금을 줄이려면 경비 영수증을 많이 모아야겠죠?"

"신용카드나 현금영수증으로 지출하면 100% 경비로 인정받을 수 있나요?"

'경비', '비용', '지출' 등 세무상 용어인 '필요경비'를 의미하는 비슷한 단어들이다. 소득세 계산구조는 간단하게 말하면 총수입금에서 필요경비를 차감한 소득금액에 세율을 곱해서 계산하게 된다. 필요경비는 총수입금액을 만들기 위해 투입된 비용을 의미한다. 즉 소득을 얻기 위해 지출한 경비를 말한다. 따라서 사업과 무관한 사적인 지출인 경우 신용카드, 현금영수증으로 지출했다 하더라도 필요경비로 인정받을 수 없다. 소득을 얻기 위한 경비가 아니라면 필요경비로 장부에 반영하면 안 된다. 소득세 신고는 1년 동안의 실적에 대한 신고다.

따라서 1년 동안 사업과 관련하여 발생한 필요경비를 빠짐없이 장부에 반영해야 한다. 소득세 계산구조상 장부에 반영하지 못하면 그 금액만큼 이익이 증가하게 된다. 사업자가 사업과 관련하여 지출한 경비를 장부에 반영하지 않았으면 누락된 금액의 6%에서 42%까지 소득세를 추가로 납부하게 된다. 즉 100만 원을 장부에 반영하지 못했을 경우 최소 6만 원에서 최대 42만 원의 소득세를 부담하게 된다. 사업과 관련하여 지출할 경우 반드시 장부에 반영할 수 있는 비용 증빙을 받아야 한다.

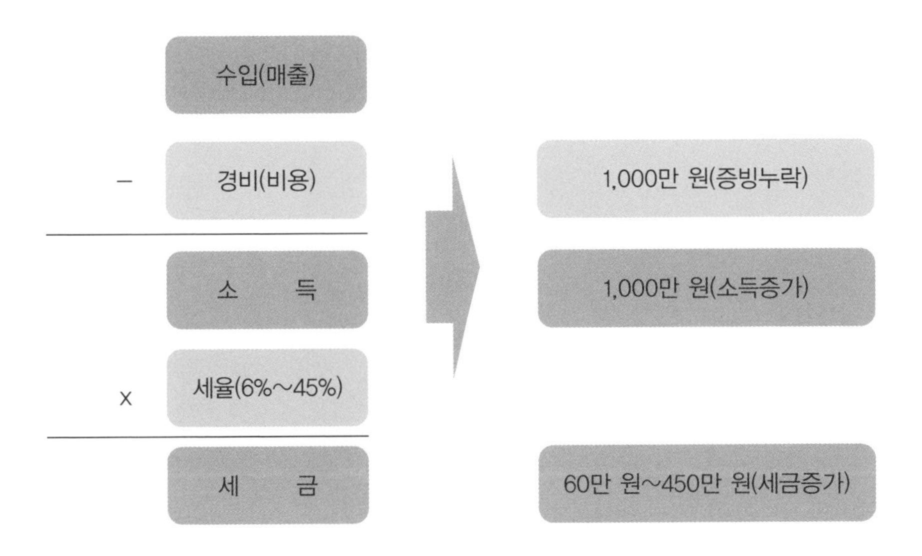

경비로 인정받을 수 없는 5가지

사업자의 경우 경비 지출 시 대부분 신용카드를 사용한다. 사업을 시작하는 초보 사장님들은 꼭 국세청 홈택스에 등록한 사업용 신용카드를 사용하면 100% 경비 처리가 가능한지 묻는다.

국세청 홈택스에 등록된 사업용 신용카드를 사용해서 지출했다 하더라도 업무와 관련성이 없으면 경비 처리가 불가능하다. 그리고 접대비는 비용으로 인정받을 수 있는 한도가 정해져 있다. 이처럼 사업자가 지출하는 항목 중 필요경비로 인정받을 수 없는 비용이 있다.

신규 사업자의 경우 홈택스에 회원가입을 하고 가장 먼저 하는 것이 바로 사업용 신용카드 등록이다. 사업용 신용카드를 국세청 홈택스에 등록하게 되면 부가세 신고 시 매입세액공제를 받을 수 있고 소득세 신고 때 필요경비로 인정받아 소득세를 줄일 수 있다. 국세청 홈택스에 사업용 신용카드로 등록한다는 것은 사업과 관련해서 신용카드를 사용하겠다는 것이다. 즉 사업용 신용카드로 국세청 홈택스에 등록이 되었다 하더라도 사업과 관련 없이 지출한 경우에는 필요경비로 인정받을 수 없게 된다.

홈택스에 등록된 사업용 신용카드의 사용 내역은 국세청에 자동으로 통보되고 분석된다. 언제, 어디서, 어떤 항목으로 사용했는지 자세하게 확인할 수 있다. 국세청에서는 사업용 신용카드 사용현황을 분석하여 소득세 신고 안내 자료에 사업용 신용카드 사용 내역 중 업무와 관련이 적은 5가지 항목을 선정하여 소득세 신고 시 참고하도록 안내하고 있다.

국세청 홈택스에 사업용 신용카드를 등록하고 사용할 때 163p의 5가지 항목으로는 사용하지 말아야 한다. 오히려 홈택스에 사업용 카드로 등록한 것이 독이 될 수도 있다.

사업용 신용카드로 등록했다면 사업과 관련하여 지출할 수 있도록 노력해야 한다. 사업용 신용카드 사용액 중 업무 무관 관련 경비 지출이 많을 경우 증빙자료에 대한 소명 요구나, 심하면 세무조사 대상자에 선정이 되어 세무조사로 세금을 추징당할 수도 있다.

■ 5가지 업무 무관 경비

국세청이 업무와 관련이 적다고 판단하는 5가지 항목은 다음과 같다. 즉 업무 무관 경비로 세무상 필요경비로 인정받기 어려운 항목이기도 하다.

① 신변잡화 구입(가사 관련 용품)

② 가정용품 구입(의료용 기구, 화장품, 예술품)

③ 업무 무관 업소 이용(스포츠 교육기관, 수의업, 오락장)

④ 개인적 치료(성형외과, 피부과, 한방병원 등 사용액)

⑤ 해외사용액

경비로 인정받을 수 없는 5가지 업무 무관 경비

| 국세청이 업무와 관련이 적다고 판단하는 5가지 항목 |

01
신변잡화 구입
(가사 관련 용품)

02
가정용품 구입
(의료용 기구, 화장품, 예술품)

03
업무 무관 업소 이용
(스포츠 교육기관, 수의업, 오락장)

04
개인적 치료
(성형외과, 피부과, 한방병원 등 사용액)

05
해외사용액

세금 줄이는 '소득공제'가 있다

소득공제는 말 그대로 소득에서 공제해주는 것을 말한다. 소득을 줄여주기 때문에 그만큼 세금도 줄어들게 된다. 따라서 소득공제를 많이 받아야 소득세를 적게 낼 수 있다. 소득공제는 3가지로 인적공제와 기타소득공제, 특별소득공제가 있다.

소득공제는 사업자가 스스로 챙겨야 한다. 세무사 사무실에서 항목별로 검토해줄 수도 있겠지만 개인적인 사항이라 변수도 많아 매해 달라질 수 있다. 따라서 사업자 스스로 공제항목에 대해 알고 있어야 챙길 수도 있다. 또한 빠진 공제항목이 있다면 추가로 보완할 수도 있다.

■ 인적공제

인적공제는 기본공제와 추가공제로 이루어진다. 기본공제는 본인공제, 배우자공제, 부양가족공제로 연 150만 원을 공제한다. 추가공제는 경로우대자공제, 장애인공제, 부녀자공제, 한부모 소득공제가 있다. 인적공제를 받기 위해서는 나이와 소득 등 일정 요건을 충족해야만 공제가 가능하다. 공제항목별로 공제 대상에 해당하는지 살펴보아야 한다.

<table>
<tr><th>기본공제 대상자</th><th>연령 요건</th><th>생계 요건</th><th>일시퇴거</th><th>소득금액 요건</th></tr>
<tr><td>본인</td><td rowspan="2">없음</td><td rowspan="5">없음</td><td rowspan="6">없음</td><td>없음</td></tr>
<tr><td>배우자</td><td rowspan="7">연간 소득금액
100만 원 이하
(근로소득만 있는 경우
총급여 500만 원 이하)</td></tr>
<tr><td>직계비속</td><td rowspan="2">만 20세 이하</td></tr>
<tr><td>동거입양자</td></tr>
<tr><td>위탁아동</td><td>만 18세 미만</td></tr>
<tr><td>본인(또는 배우자)의
직계존속</td><td>만 60세 이상</td><td>※ 주민등록표상
동거가족으로서
생계를 같이함
※ 주거형편상
별거 허용</td></tr>
<tr><td>본인(또는 배우자)의
형제자매</td><td>만 20세 이하 또는
만 60세 이상</td><td rowspan="2">주민등록표상
동거가족으로서
생계를 같이함</td><td rowspan="2">인정</td></tr>
<tr><td>「국민기초생활보장법」
상 수급자</td><td>없음</td></tr>
</table>

※추가공제

추가공제는 인적공제 대상 중 다음의 요건에 맞으면 추가로 공제받을 수 있다.

<table>
<tr><th>추가공제</th><th>공제금액</th><th>공제요건</th></tr>
<tr><td>경로우대</td><td>1인당 100만 원</td><td>본인, 배우자, 기본공제 대상이 만 70세 이상</td></tr>
<tr><td>장애인</td><td>1인당 200만 원</td><td>본인, 배우자, 기본공제 대상이 장애인</td></tr>
<tr><td rowspan="2">부녀자</td><td rowspan="2">50만 원
50만 원</td><td>종합소득금액 3천만 원 이하인 + 배우자 有</td></tr>
<tr><td>종합소득금액 3천만 원 이하인 + 기본공제 대상 有 + 세대주</td></tr>
<tr><td>한부모</td><td>100만 원</td><td>배우자 + 기본공제 받는 자녀 · 손자녀 · 입양자 有</td></tr>
</table>

■ 기타소득공제

기타소득공제에는 연금보험료 공제, 주택담보 노후연금 이자비용 공제, 소기업 · 소상공인 공제부금에 대한 소득공제, 중소기업창업투자조합 출자 등에 대한 소득공제가 있다.

사업자의 경우 소기업 · 소상공인 공제부금을 활용한 절세 방안을 마련하는 것을 추천한다. 노란우산공제는 소기업 · 소상공인이 폐업이나 노령 등으로 인해 어려운 생활에 안정을 기하고, 사업 재기 기회를 제공받을 수 있도록 사업주의 목돈마련을 위한 공제제도다.

소기업 · 소상공인 공제(노란우산공제)는 분기별로 300만 원 이하로 공제부금을 납입할 수 있다. 사업자의 경우 사업 소득금액이 4천만 원 이하인 경우 500만 원, 4천만 원 초과 1억 원 이하인 경우 300만 원, 1억 원 초과인 경우 200만 원까지 소득공제가 가능하다.

※노란우산공제

사업 소득금액	소득공제액
4천만 원 이하	최대 500만 원
4천만 원 초과 ~ 1억 원 이하	최대 300만 원
1억 원 초과	최대 200만 원

■ **특별소득공제**

특별소득공제는 근로소득이 있는 거주자가 해당한다. 따라서 사업자는 특별소득공제를 받을 수 없다. 특별소득공제는 보험료 공제와 주택자금공제가 있다. 보험료 공제는 근로자가 부담하는 건강보험료, 고용보험료, 노인장기요양보험료로 전액을 공제받을 수 있다. 주택자금공제는 주택청약종합저축 등에 대한 소득공제, 주택임차차입금원리금 상환액 공제, 장기주택저당차입금 이자상환액 공제로 구분되며 공제 대상 금액 및 산정 방법을 달리하고 있다.

03

법인사업자도 소득세 신고를 한다, "법인세"

법인도 소득세 신고를 한다

법인도 개인과 마찬가지로 소득세를 낸다. 법인이 내는 소득세를 법인세라 한다. 법인(法人)은 법으로 만들어진 인격체라는 뜻이다. 법률에 의해 사람처럼 권리와 의무를 질 수 있다. 개인과 마찬가지로 법인이 벌어들이는 소득에 대해 그 법인에 세금을 부과하게 된다.

[소득세율]

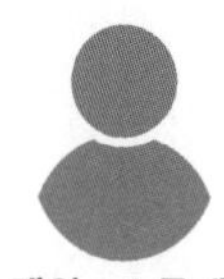

개인 : 소득세

과세표준	세율	과세표준	세율
1천 200만 원 이하	**6%**	1억 5천만 원 초과 3억 원 이하	**38%**
1천 200만 원 초과 4천 600만 원 이하	**15%**	3억 원 초과 5억 원 이하	**40%**
4천 600만 원 초과 8천 800만 원 이하	**24%**	5억 원 초과 10억 원 이하	**42%**
8천 800만 원 초과 1억 5천만 원 이하	**35%**	10억 원 초과	**45%**

[법인세율]

법인 : 법인소득세

과세표준	세율
2억 원 이하	과세표준의 **9%**
2억 원 초과 200억 원 이하	1천 800만 원 + (2억 원 초과하는 금액의 **19%**)
200억 원 초과 3천억 원 이하	37억 8천만 원 + (200억 원 초과하는 금액의 **21%**)
3천억 원 초과	625억 8천만 원 + (3천억 원 초과하는 금액의 **24%**)

법인세를 내야 하는 법인 소득 3가지

법인세를 부담해야 하는 법인세 과세 대상 소득은 어떤 것이 있을까? 법인세 과세 대상이 되는 법인의 소득은 각 사업연도 소득, 토지 등 양도소득, 청산소득 3가지다.

각 사업연도 소득은 법인이 사업연도 동안에 벌어들인 소득을 말한다. 법인의 경우 정관 · 규칙에서 1 회계 기간을 1년을 초과하지 않게 사업연도를 정할 수 있다. 대부분의 법인이 1년을 사업연도로 정하고 있다. 즉, 1년 동안 법인이 얻은 소득이 법인세 과세 대상이 된다.

토지 등 양도소득은 법인이 주택, 비사업용토지, 투기지역 소재 부동산의 양도소득에 대하여 일반 법인세에 추가하여 과세하는 이중과세 성격의 세금이다. 토지 등 양도소득이 각 사업연도 소득에 추가하여 세금을 납부하고 토지 등 양도소득에 대한 세금을 한 번 더 납부하게 된다. 이는 법인의 부동산투기를 막기 위한 세금이라고 볼 수 있다.

구 분		등기	미등기
토지 등 양도소득	대통령령이 정하는 주택 (부수 토지 포함)을 양도한 경우	20%	40%
	조합원입주권과 분양권	20%	
	비사업용토지를 양도한 경우	10%	40%

* 2021.1.1. 이후 양도하는 경우

청산소득은 법인이 사업을 계속하지 못하고 해산하게 될 경우 그 법인의 해산에 따른 잔여재산가액이 해산등기일 현재의 자기자본을 초과하는 경우 세금을 내게 된다. 청산소득은 대부분 자산의 가치 상승으로 인해 발생하게 된다. 청산소득 세율은 일반 법인세율과 동일하게 적용받는다.

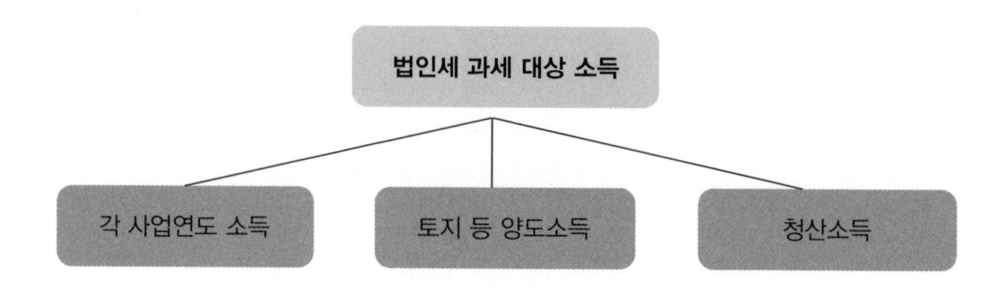

세무조정이 뭐야?

세무조정은 기업회계와 세무회계의 차이를 조정하는 것을 말한다. 기업은 기업회계 기준에 의해 당기순이익을 결정한다. 세법에서는 세법의 규정에 따라 세무 조정사항을 가감하여 세무상의 소득금액을 계산하게 된다. 기업회계에서는 비용이지만 세법에서는 비용으로 인정하지 않는 것을 손금불산입 항목이라 한다. 또한 기업회계 기준에서는 수익이 아니지만 세법상 수익인 항목이 익금산입 항목이다. 이처럼 회사가 기업회계 기준으로 계산한 당기순이익과 법인세를 부과를 위한 소득금액과의 차이를 조정하는 것을 세무조정이라 말한다.

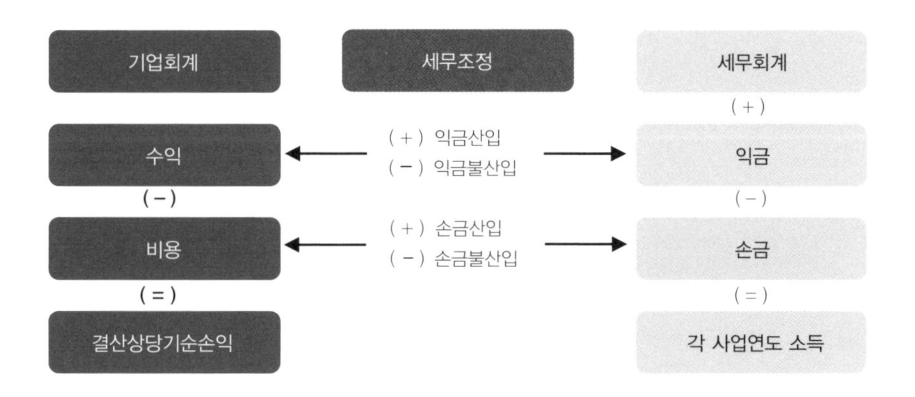

(+) 익금산입 : 기업회계 상 수익이 아니나 세무회계상 익금으로 인정하는 것

(−) 익금불산입 : 기업회계 상 수익이나 세무회계상 익금으로 보지 않는 것

(+) 손금산입 : 기업회계 상 비용이 아니나 세무회계상 손금으로 인정하는 것

(−) 손금불산입 : 기업회계 상 비용이나 세무회계상 손금으로 보지 않는 것

법인세 이해하기, 계산구조!

모든 세금은 각각의 세금 계산구조를 갖추고 있다. 세금 계산구조를 알아야 세금을 계산할 수 있고 세금을 줄일 수도 있다. 법인세 계산구조

는 소득세와 비슷하다. 수익에서 비용을 차감하고 결산서상 이익에서 세무조정을 거쳐 각 사업연도 소득금액을 계산하게 된다. 개인과 법인의 세금 계산구조에서 가장 큰 차이는 세율이다.

개인 최초 세율 6%, 최고세율 45%이고 법인은 최저 9%, 최고 24%이다. 단순히 세율만으로 개인이 유리한지, 법인이 유리한지 결정하기는 쉽지 않다. 그러나 회사의 세부 사정을 고려해 종합적으로 판단하면 최선의 선택은 가능하다.

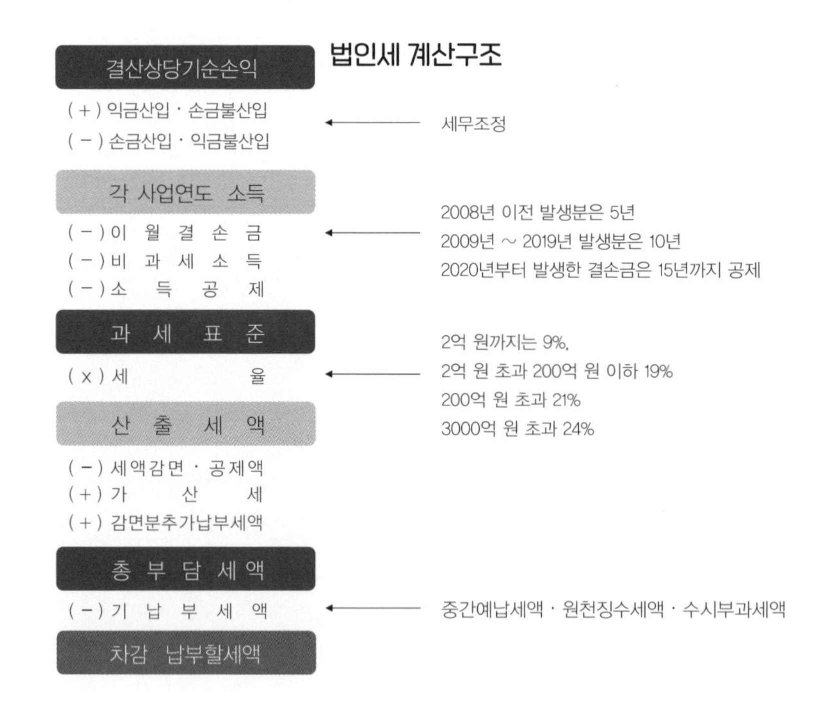

법인사업자와 개인사업자는 세율이 다르다

법인도 1년 동안 얻은 수입금액(익금)에서 비용(손금)을 차감한 금액에 대해 소득세 신고를 한다. 이를 '법인세'라고 한다. 법인의 과세기간은 1년 이내에 자유롭게 정할 수 있다. 법인의 대부분은 1월 1일부터 12월 31일까지를 사업연도로 한다. 그러나 일부 기업은 사업연도가 3월 31일 혹은 6월 30일에 마감되는 때도 있다. 회사의 특성에 따라 정관이나 법률 규정에 따라 조정할 수도 있다.

법인세와 소득세의 가장 큰 차이는 세율에 있다. 법인세율은 2억 원 이하 9%, 2억 원 초과~200억 원 이하는 19%, 200억 원 초과~3,000억 원 이하는 21%, 3,000억 원 초과는 24%로 4개 구간이다. 반면 소득세율은 6%~45%까지 8개 구간이다.

소득세율 과세표준			세율 (누진공제)
	~	1,200만 원	6%
1,200만 원	~	4,600만 원	15% (108만 원)
4,600만 원	~	8,800만 원	24% (522만 원)
8,800만 원	~	1억 5,000만 원	35% (1,490만 원)
1억 5,000만 원	~	3억 원	38% (1,940만 원)
3억 원	~	5억 원	40% (2,540만 원)
5억 원	~	10억 원	42% (3,540만 원)
10억 원	~		45% (6,540만 원)

법인세율 과세표준			세율(누진공제)
	~	2억 원	9% (10%)
2억 원	~	200억 원	19% (20%) (1천 800만 원)
200억 원	~	3,000억 원	21% (22%) (37억 8천만 원)
3,000억 원	~		24% (25%) (625억 8천만 원)

(법인세율 구간별 1% 인하 : 2023년 이후)

이익이 1억 원일 때 법인사업자와 개인사업자의 세금 차이는?

개인사업자와 법인사업자의 세금 비교를 구체적으로 해달라고 요청하는 경우가 있다. 개인과 법인의 세금 비교를 한 후 세금이 적은 쪽을 선택하려는 목적인 것 같다. 따라서 개인으로 시작할지, 법인으로 시작할지 고민하는 사업자가 많다. 어느 한쪽이 무조건 유리하고 불리하다고 말할 수 없다. 사업자의 상황에 따라서 선택이 달라진다. 나에게 유리한 유형을 전문가와 상의해서 결정하기를 권한다. 그럼에도 세금 비교를 하자면, 세금 측면에서는 개인보다 법인이 유리하다.

다음은 이익이 1억 원일 경우 개인과 법인의 세금 차이를 비교해 보았다. 개인사업자는 이익 1억 원에 대한 개인소득세를 법인사업자는 이익 1억 원을 모두 대표자의 급여로 처리하여 근로소득세를 부담하게 된다. 결과적으로는 법인에서 대표자의 급여로 처리한 경우 세금을 적게 부담하게 된다. 이는 단순하게 세금 측면에서 비교한 것으로 사업자 유형 선택은 꼭 전문가와 협의해서 결정하길 바란다.

법인사업자 vs 개인사업자 세금

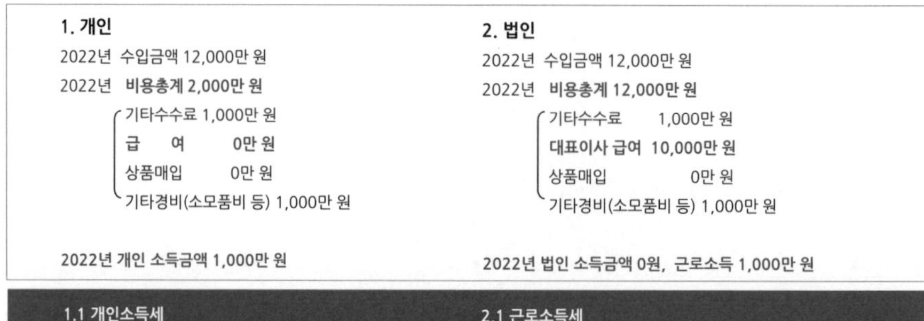

※개인 소득세 19,505,000원과 법인 근로소득 12,567,000원의 세금 차이가 6,938,000원 발생한다.

5장

잘 알아두면 의외로 도움 되는 원천세란?

직원이 생기면 급여 신고를 해야 한다, "원천세"

직원이 생기면 원천세 신고를 해야 한다

소득세는 매출에서 비용을 차감한 소득금액을 기준으로 계산된다. 기업이 운영하면서 지출하는 대부분이 비용에 해당한다. 100만 원을 지출하면 100만 원에 해당하는 증빙을 받아야 경비로 인정받고 소득세를 줄일 수 있다. 물건을 구매하거나 서비스를 받을 때 세금계산서나 신용카드 등으로 결제하게 된다. 그러나 인건비를 지급할 때는 계좌로 송금해주고 만다. 직원에게 인건비를 지급하는 회사는 반드시 국세청에 원천세 신고를 해야 비용으로 인정받고 무신고로 인한 가산세도 피할 수 있다.

최근 1인 기업이 많이 늘고 있다. 처음 수개월 또는 1년은 혼자서 모든 일을 처리 할 수 있다. 그러나 매출액이 증가하고 업무량이 많아지면 대표 1인이 처리하기 힘들어서 이때부터 직원을 채용하게 된다. 직원을 채용하게 되면 매월 인건비 신고를 해야 한다. 인건비 신고와 동시에 4대 보험에도 가입해야 하고 4대 보험료도 납부해야 한다. 그러나 직원이 4대 보험 가입을 꺼리고 급여 신고를 거부하게 되면 사업자는 인건비 신고를 못 하게 된다. 그리고 소득세 신고 시 경비로 인정받을 수 없게 되어 모두 이익으로 계산되므로 납부하지 않아도 될 세금을 추가로 내게 된다.

이처럼 인건비 신고를 못 하게 됨으로써 소득세를 많이 납부하게 된다는 사실을 설명하면 이런 제안을 하는 사장님들도 있다. '국세청에 인건비 신고만 하고 4대 보험은 가입하지 말자'라는 것이다. 너무 좋은 생각이다. 필자도 그러고 싶다. 그러나 현실은 그렇지 않다.

국세청에 인건비 신고가 들어가면 4대 보험 각각의 관리공단에서도 사업자가 국세청에 신고한 인건비 신고 내역을 공유할 수 있다. 따라서 각 공단에서도 사업장의 인건비 신고 현황을 확인하여 4대 보험에 가입이 안 된 사업장으로 확인될 경우 보험료 추징과 함께 가입 의무를 다하지 않은 책임을 물어 벌과금을 부과하기도 한다.

결국 인건비 신고를 하지 못하면 그 금액만큼 이익이 증가해 추가로 세금을 부담하게 된다. 인건비 신고를 국세청에 하게 되면 4대 보험 가입도 해야 한다. 4대 보험료 부담을 이유로 인건비 신고를 하지 않아 억울한 세금을 부담하는 일이 없도록 하자.

원천징수가 뭐야?

원천징수란 소득자가 자신의 세금을 직접 납부하지 않고, 원천징수 대상 소득을 지급하는 원천징수 의무자(국가, 법인, 개인사업자, 비사업자 포함)가 '소득자로부터 세금을 미리 징수하여 국가(국세청)에 납부하는 제도'를 말한다.

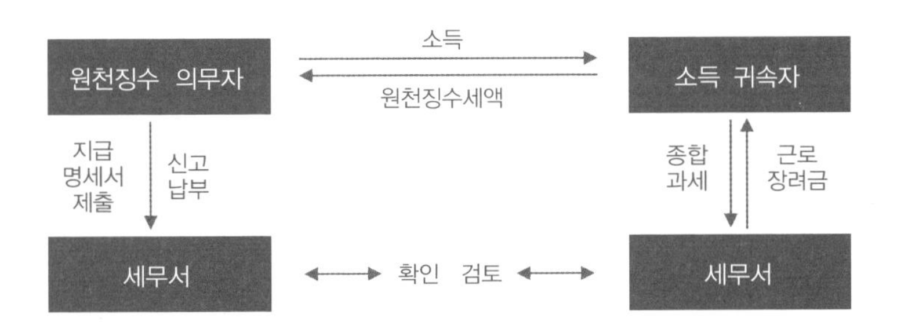

원천징수 대상 소득은 근로소득, 이자 · 배당소득, 사업소득, 기타소득, 퇴직소득이다. 원천징수 의무자는 소득세법상 근로소득, 이자 · 배당소득, 사업소득, 기타소득, 퇴직소득 및 법인세법상 이자소득 등 원천징수 대상인 소득을 지급하는 자를 말한다. 원천징수 의무자가 징수해 납부할 세액을 국가에 납부하지 않았을 경우 그 세액을 원천징수 의무자로부터 징수하고, 원천징수 불성실가산세도 부과한다.

이자 · 근로 · 퇴직 · 기타소득을 지급하는 자가 사업자등록번호 또는 고유번호가 없는 개인인 경우에도 원천징수 의무자에 해당하며, 원천징수한 세금을 신고 · 납부 및 지급명세서 제출 의무가 있다. 다만 사업소득을 지급하는 자가 사업자가 아닌 개인인 경우는 원천징수 의무는 없다. 그러나 사인 간에 금전거래를 하고 이자를 받을 경우라면 반드시 이자소득 원천징수를 하고 신고 · 납부해야 한다.

'사업소득' 3.3%는 왜 떼고 줄까?

앞서 말했듯이 원천징수란 소득 또는 수입 금액을 지급하는 자가 그 대가를 지불할 때, 상대방이 내야 할 세금을 미리 징수하여 국가에 납부하는 것을 말한다.

프리랜서와 같이 인적용역을 제공하고 그 대가로 소득금액을 받을 때, 사업자는 지급액의 3.3%를 사업소득세로 원천징수하고 나머지 금액을 지급해야 한다. 이후 사업자는 과세 관청에 사업소득세로 세금 신고를 하고 세금 납부도 해야 한다.

소득금액을 지급하는 회사가 프리랜서를 대신해서 세금 신고와 납부를 하고, 과세 관청은 프리랜서 소득을 누락 없이 관리할 수 있고, 세금 징수도 미리 할 수 있다.

※ 원천징수 대상 인적용역 사업소득

① 저술 · 서화 · 도안 · 조각 · 작곡 · 음악 · 무용 · 만화 · 삽화 · 만담 · 배우 · 성우 · 가수 또는 이와 유사한 용역
② 연예에 관한 감독 · 각색 · 연출 · 촬영 · 녹음 · 장치 · 조명 또는 이와 유사한 용역
③ 건축감독 · 학술 용역 또는 이와 유사한 용역
④ 음악 · 재단 · 무용(사교무용 포함) · 요리 · 바둑의 교수 또는 이와 유사한 용역
⑤ 직업운동가 · 역사 · 기수 · 운동지도가(심판 포함) 또는 이와 유사한 용역
⑥ 접대부 · 댄서 또는 이와 유사한 용역
⑦ 보험가입자의 모집, 저축의 장려 또는 집금(集金) 등을 하고 실적에 따라 보험회사 또는 금융기관으로부터 모집수당 · 장려수당 · 집금수당 또는 이와 유사한 성질의 대가를 받는 용역
⑧ 서적 · 음반 등의 외판원이 판매실적에 따라 대가를 받는 용역
⑨ 저작자가 저작권에 의하여 사용료를 받는 용역
⑩ 교정 · 번역 · 고증 · 속기 · 필경(筆耕) · 타자 · 음반취입 또는 이와 유사한 용역
⑪ 고용 관계없는 사람이 다수인에게 강연을 하고 강연료 · 강사료 등의 대가를 받는 용역
⑫ 라디오 · 텔레비전 방송 등을 통하여 해설 · 계몽 또는 연기를 하거나 심사하고
⑬ 사례금 또는 이와 유사한 성질의 대가를 받는 용역
⑭ 작명 · 관상 · 점술 또는 이와 유사한 용역
⑮ 개인이 일의 성과에 따라 수당이나 이와 유사한 성질의 대가를 받는 용역

3.3% 사업소득과 8.8% 기타소득의 차이

"프리랜서에게 수수료를 세금을 떼고 지급해야 하는데 3.3%와 8.8% 중 어떤 세율을 선택해야 할까요?"

이 질문처럼 기타소득과 사업소득을 구분하는 핵심은 계속 · 반복적으로 인적용역을 공급하느냐다. 필자의 경우는 기타소득과 사업소득이

모두 발생한다. 책을 출간하고 받는 인세와 세무 교육 등 강의료다. 인세는 기타소득으로 8.8% 원천징수하고, 강의료는 사업소득으로 3.3% 원천징수 한다. 즉, 강의가 주업은 아니지만 1년에 한두 번이 아닌 주기적으로 하게 된다. 따라서 기타소득이 아닌 사업소득으로 원천징수를 해야 한다.

① 기타소득

- 대상 : 보상금, 상금, 복권 당첨금, 단발성 인적용역
- 일시적인 소득
- 고용 관계없음
- 종합소득세 합산과세와 분리과세 중 선택 가능

*기타소득금액 300만 원 이하 분리과세 (원천징수 대상 수입이 750만 원 이하면 분리과세 됨)

- 원천징수세액 : 지급액 × 8.8% (8% 소득세+0.8% 주민세)

*기타소득금액이 5만 원 이하인 경우 납부세액 없음(기타소득 지급액이 125,000원 이하)

② 사업소득

- 대상 : 인적용역 수수료(계속적, 반복적)
- 지속적인 소득
- 고용 관계없음

- 종합소득세 무조건 합산과세
- 원천징수세액 : 지급액 × 3.3% (3% 소득세+0.3% 주민세)

사업소득과 기타소득 차이

구 분	사업소득	기타소득
원천징수 대상	의료보건 용역(수의사 포함), 개인이 물적 시설 없이 근로자를 고용하지 아니하고 독립된 자격으로 용역을 공급하는 인적 용역	상금, 복권 당첨금 등, 자산 등의 양도 · 대여 · 사용의 대가, 보상금 등 우발적인 소득, 일시적 인적 용역소득, 서화 · 골동품 양도소득, 종교인소득, 기타(사례금)
원천징수세액	지급액 × 3.3%(주민세 포함)	지급액 × 8.8%(주민세 포함)
고용관계	없음	없음
판 단	계속적, 반복적	일시적
소득세 신고	합산과세	분리과세, 합산과세 선택 가능(기타소득금액 300만 원 이하 분리과세 선택 가능)

연말정산 하는 프리랜서가 있다

프리랜서의 경우 3.3% 원천징수하고 5월에 소득세 신고를 해야 한다. 그러나 연말정산으로 소득세 신고를 대신하는 프리랜서가 있다. 직전 연도 수입금액 7,500만 원 미만인 보험모집인(보험설계사, 보험대리점, 보험중개사, 보험회사의 임원(대표이사 등은 제외) 또는 직원), 방문판매원, 음료품 배달원이 해당한다. 사업소득 연말정산은 다음 연도 2월 말일까지 원천징수 의무자가 해야 한다.

※사업소득 연말정산 대상자

1) 보험모집인(소령 137 ① 1호)

독립된 자격으로 보험가입자의 모집 및 이에 부수되는 용역을 제공하고 그 실적에 따라 모집수당 등을 받는 업을 영위하는 사업자

2) 방문판매원(소령 137 ① 2호)

「방문판매원 등에 관한 법률」에 의하여 방문판매업자를 대신하여 방문판매업을 수행하고 그 실적에 따라 판매수당 등을 받는 자(방문판매업자로부터 사업장의 관리 · 운영의 위탁을 받은 자를 포함)

3) 음료품 배달원(소령 137 ① 3호)

독립된 자격으로 일반 소비자를 대상으로 사업장을 개설하지 않고 음료품을 배달하는 계약배달 판매용역을 제공하고 판매실적에 따라 판매수당 등을 받는 자

세액 계산구조

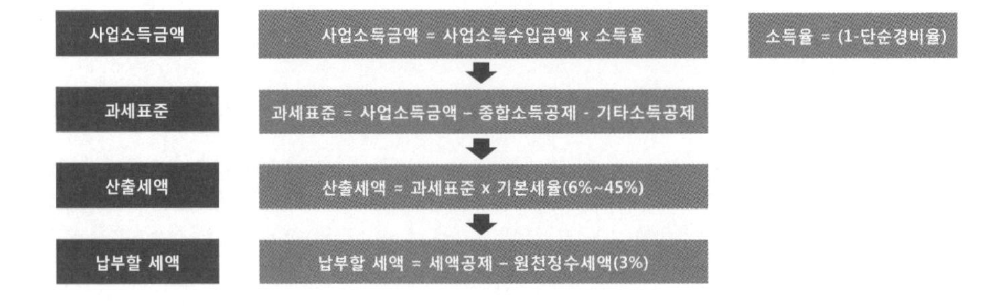

단순경비율

구분	단순경비율	
	4천만 원 이하분	4천만 원 초과분
보험모집인	77.6%	68.6%
방문판매원	75.0%	65.0%
음료품배달원	80.0%	72.0%

※ 해당 과세기간의 단순경비율이 결정되어 있지 아니한 경우에는 직전 과세기간의 단순경비율 적용

원천징수 세율은?

거주자 및 내국 법인

과세표준			구분	세액
개인	이자	비영업대금의 이익	25%	
		직장공제회 초과 반환금	기본세율	연분연승법 적용
		실지명의가 확인되지 아니하는 소득	42%	
		금융실명법(제5조)에 따른 비실명소득 (차등 과세)	90%	
		그 밖의 이자소득	14%	
	배당	출자 공동사업자의 배당소득	25%	
		실지명의가 확인되지 아니하는 소득	42%	
		금융실명법(제5조)에 따른 비실명소득 (차등 과세)	90%	
		그 밖의 배당소득	14%	
	사업	원천징수 대상 사업소득	3%	

<table>
<tr><td rowspan="13"></td><td rowspan="3">근로</td><td colspan="2">근로소득(연말정산)</td><td>기본세율</td><td></td></tr>
<tr><td colspan="2">매월 분 근로소득</td><td>기본세율</td><td></td></tr>
<tr><td colspan="2">일용근로자 근로소득</td><td>6%</td><td></td></tr>
<tr><td rowspan="3">연금</td><td colspan="2">국민연금 · 공무원연금 등</td><td>기본세율</td><td></td></tr>
<tr><td colspan="2">이연 퇴직소득의 연금 수령</td><td colspan="2">(이연 퇴직소득세/이연 퇴직소득)×70(60*)%
* 연금 실제 수령 연차가 10년 초과 시</td></tr>
<tr><td colspan="2">퇴직연금 · 사적연금</td><td>3~5%,4%</td><td></td></tr>
<tr><td rowspan="5">기타</td><td colspan="2">복권 당첨금</td><td>20%</td><td>3억 원 초과 30%</td></tr>
<tr><td colspan="2">연금 계좌의 연금 외 수령</td><td>15%</td><td></td></tr>
<tr><td colspan="2">종교인소득(연말정산)</td><td>기본세율</td><td></td></tr>
<tr><td colspan="2">매월분 종교인소득</td><td>기본세율</td><td>간이세액표 적용</td></tr>
<tr><td colspan="2">기타소득(봉사료수입금액 적용분 제외)</td><td>20%</td><td>봉사료 5%</td></tr>
<tr><td>퇴직</td><td colspan="2">퇴직소득</td><td>기본세율</td><td>연분연승법 적용</td></tr>
<tr><td rowspan="2">이자</td><td rowspan="2">이자소득</td><td>비영업대금의 이익</td><td>25%</td><td></td></tr>
<tr><td rowspan="3">법인</td><td>그 외</td><td>14%</td><td></td></tr>
<tr><td>배당</td><td colspan="2">투자신탁의 이익</td><td>14%</td><td></td></tr>
</table>

비거주자 및 외국 법인의 국내원천소득(조세조약이 없는 경우)

구분	비거주자(소득세법 제119조)	외국법인(법인세법 제93조)
이자소득	20%(채권이자 : 14%)	20%(채권이자 : 14%)
배당소득	20%	20%
부동산소득	–	–
선박 등 임대소득	2%	2%
사업소득	2%	2%
사업료소득	20%	20%
유가증권, 양도소득	Min (양도가액 x 10%, 양도차익 x 20%)	Min (양도가액 x 10%, 양도차익 x 20%)
기타소득	20%	20%
근로소득	거주자와 동일	–
연금소득	거주자와 동일	–
인적용역소득	20%	20%
퇴직소득	거주자와 동일	
양도소득	Min (양도가액 x 10%, 양도차익 x 20%)	Min (양도가액 x 10%, 양도차익 x 20%)

02

직원이 생기면 해야 하는 것들

직원이 생기면 해야 하는 3가지

대표자 혼자 일하는 1인 기업도 있지만 대부분의 기업은 직원을 채용한다. 직원을 채용하면 꼭 해야 하는 일들이 있다. 근로계약서를 작성해야 하고, 4대 보험도 가입해야 한다. 매월 10일에는 세무서에 급여 신고도 해야 한다.

직원을 채용함으로써 상대해야 할 국가 기관의 수도 늘어난다. 기업을 운영하면 여러 국가 기관의 지도 · 감독을 받는다. 사업을 하면서 국세청에 기업이 얻은 소득에 대한 세금만 내면 끝나는 것이 아니다. 직원 채용 시 근로계약서를 작성하지 않아 고용노동부로부터 법적인 책임을 지게 된다거나 4대 보험에 가입하지 않아서 한꺼번에 엄청난 금액의 보험료를 추징당하기도 한다.

인건비는 기업의 경비를 구성하는 중요한 요소다. 인건비 신고를 국세청에 하지 못하면 경비로 인정받기 어렵고, 경비로 인정받지 못하면 이익을 증가시키기 때문에 억울한 세금을 부담하게 된다. 이처럼 직원을 채용하면 해야 할 일들이 생긴다. 직원을 채용하기 전에 미리 검토하지 않으면 여러 가지 불이익을 받을 수 있다. 아래의 직원 채용 시 해야 하는 사항을 꼭 잊지 않길 바란다.

직원을 채용하면 해야 하는 일들

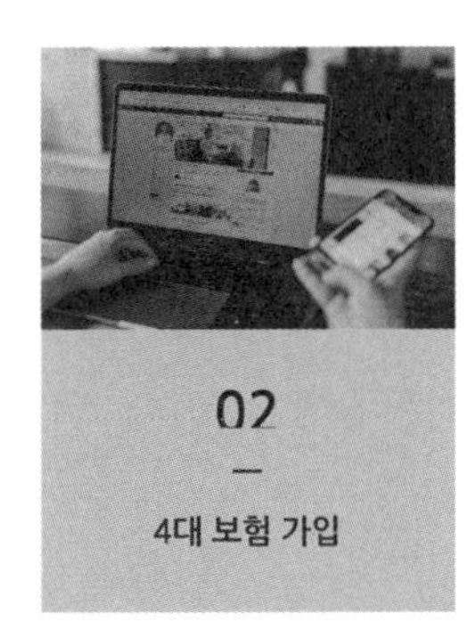

근로계약서 미작성하면 과태료 500만 원

최근 중소기업을 경영하는 사장님들에게 새로운 고민이 생겼다. 세금에 대한 고민이 아니라 바로 '노무'에 관련된 고민이다. 고용에 관련된 법규가 강화되면서 지켜야 할 사항들이 많아졌다. 근로기준법은 근로의 권리를 보장받기 위해 꼭 필요한 법이다. 근로자를 약자로 두는 법이기에 고용주 입장에서는 꼼꼼하게 살펴야 한다.

언젠가 음식점을 운영하는 지인에게 연락이 왔다. 근로감독관에게 전화가 왔는데, 퇴사한 직원이 입사 당시 근로계약서를 작성하지 않았다고 고용노동부에 신고했다는 것이다. 지인의 말을 빌리자면, 신고한 직원은 3개월간 근무하다가 갑자기 출근하지 않아서 어쩔 수 없이 퇴사 처리하게 됐다는 것이다. 그리고 퇴사 후 얼마 지나지 않아 그 직원으로부터 '해고수당 1개월분을 달라'는 연락이 왔다. 또한 이에 응하지 않으면 근로계약서 미작성 사실을 고용노동부에 신고하겠다는 내용이었다.

필자는 최근 이뿐만 아니라 비슷한 사례를 자주 접했다. 그러나 안타깝게도 근로자가 고용노동부에 신고하면 벌금이나 과태료를 피할 수 없다.

근로계약서 및 임금명세서 교부 여부

구 분	서면으로 계약체결 후 근로계약서 교부	서면으로 계약체결 하였으나 교부하지 못함	구두계약	근로계 체결하지 않음	총 계
1)근로계약서	180명 (38.3%)	34명 (7.2%)	210명 (44.7%)	46명 (9.8%)	470명 (100%)
구 분	서면으로 제공	문자(이메일, 카톡 등)로 제공	사내 전산망으로 제공	제공하지 않음	총 계
2)임금명세서	106명 (22.6%)	143명 (30.4%)	0 (0%)	221명 (47%)	470명 (100%)

*자료: 한국노총중앙연구원, 「5인 미만 사업장 노동환경 실태조사」, 2022.

근로자가 5인 미만인 사업장도 「근로기준법」 제17조에 적용됨에 따라 근로계약의 체결 및 변경 시에는 법에서 정한 근로조건을 명시하고, 반드시 서면으로 작성하여 노동자에게 내줘야 한다. 근로계약서 작성은 고용주의 의무다.

근로계약서를 작성하지 않았을 경우에 미작성에 대한 책임은 고용주가 100% 부담해야 한다. 근로계약서 미작성에 대해 사업주에게 벌금 또는 과태료가 부과된다. 통상 근로자의 경우에는 사용자에게 500만 원 이하의 벌금형을, 기간제 및 단시간 근로자의 경우에는 최대 240만 원 이하의 과태료를 부과받는다.

벌금형은 형벌이다. 따라서 자칫 근로계약서를 작성하지 않아 벌금을 부과받으면 전과가 생기게 된다. 근로계약서는 근로자를 위해서도 필요하지만 사업주를 위해서도 꼭 작성해야 한다.

■ 임금명세서 미교부 과태료

「근로기준법」 제48조 2항에 따르면 사용자는 임금을 지급할 때 노동자에게 임금의 구성항목 · 계산방법 등 대통령령으로 정한 사항을 적은 임금명세서를 서면[「전자문서 및 전자거래 기본법」 제2조제1호에 따른 전자문서(이메일, 휴대전화 메시지, 모바일 메신저 등)을 포함한다]으로 교부해야 한다. 이를 위반하면 500만 원 이하의 과태료가 부과된다.

꼭 가입해야 하는 4대 보험

4대 보험 가입은 직원 채용 시 걸림돌이 된다고 많이들 말한다. 하지만 이에 대한 부담은 예전에 비하면 많이 줄어들었으나, 아직도 4대 보험 가입을 꺼리는 근로자들이 있다. 근로자들이 4대 보험 가입을 꺼리는 이유는 여러 가지가 있다. 그중 가장 많은 이유는 '4대 보험료 공제로 인해 실수령액이 적어진다'는 것이다. 그리고 '배우자가 있으면 이중으로 국민연금과 건강보험료를 납부하기 싫다'는 것도 이유 중 하나다.

국민연금의 보험료는 회사 부담이 4.5%, 근로자 부담이 4.5%로 급여에 9%를 납부하게 된다. 건강보험료도 회사가 3.99%, 근로자가 3.99%를 부담하게 된다. 고용보험료는 회사가 1.15%, 근로자가 0.9%를 부담하고 산재보험료는 회사가 전액 부담하게 된다. 즉, 직원이 부담하는 보험료는 국민연금 4.5%, 건강보험료 3.99%, 고용보험료 0.9%로 총 9.39%를 부담하게 된다.

4대 보험 꼭 가입해야 하나?

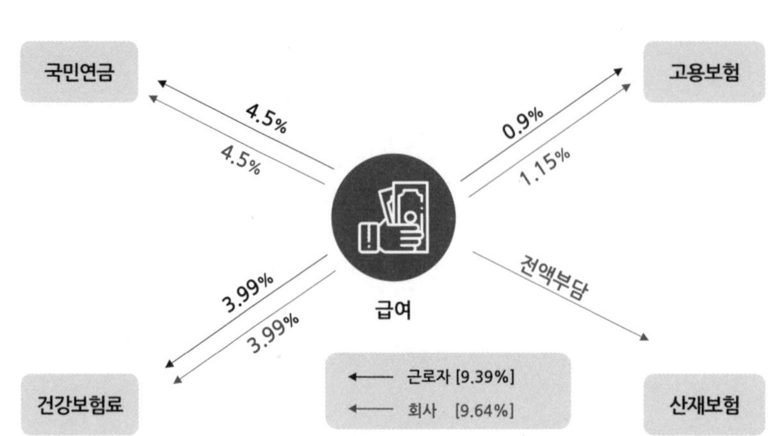

이 중 건강보험료와 고용보험료는 소멸하는 보험료다. 즉 근로자가 부담한 총보험료 9.39% 중 4.5%는 연금보험료로 소멸하지 않고, 건강보험료와 고용보험료로 부담한 4.89%만이 소멸한다는 것이다. 국민연금 4.5%는 저축성에 가깝기 때문에 소멸하지는 않는다. 실제 근로자가 아깝게 생각하는 보험료는 소멸한 건강보험과 고용보험료 4.89%다.

국민연금은 노후 생활자금을 위해, 건강보험은 병원비 할인을 위해, 고용보험은 실직했을 때 실업급여와 출산휴가, 육아휴직급여를 받을 수 있다. 산재보험은 직원이 일하다 다쳤을 때 보상받기 위해 100% 회사에서 부담한다. 4대 보험 가입으로 근로자가 받을 수 있는 혜택은 많다.

4대 보험은 국민에게 발생하는 사회적인 위험으로부터 대처하고 국민의 건강과 소득을 보장하는 제도로 선택이 아닌 의무적으로 가입해야 하는 의무보험이다. 사업주는 4대 보험을 정상 가입하고 싶어도 근로자의 거부로 인해 피해를 보는 일이 없기를 바란다.

사장님이 알아야 하는 노무 분쟁

최근 늘어나는 노무 분쟁으로 인해 중소기업에서 종종 상담 요청이 들어온다. 노무 문제는 임금, 근로조건, 휴게시간, 연월차 수당 등과 관련해서 빈번하게 발생하고 있다. 노무 제도를 정비하고 사업을 운영하는 사업자는 많지 않다. 대부분 문제가 발생한 후 노무사를 찾게 된다.

중소기업을 상대하다 보면 세무뿐만 아니라 기업경영과 관련된 모든 분야에 대해서 다양한 상담을 하게 된다. 간단한 노무 문제는 상담이 가능하지만 최저임금 인상, 통상임금 범위 확대, 휴일근로의 연장근로 포함 등 노무 관련 법규를 알지 못하면 상담하기 어렵다. 필자의 경우도 노무 관련 문제는 노무법인에 위탁해서 상담을 위임하고 있다. 사업 초기 전문가를 통한 기본적인 노무 제도 정비라도 꼭 하라고 당부하고 싶다.

■ 중소기업에서 자주 발생하는 노무 문제

다음은 중소기업에서 자주 발생하는 노무 관련 문제점으로, 노무 관련 제도 정비의 중요한 항목이다.

① **근로계약서 미작성 :** 500만 원 이하의 벌금, 형사처분

② **취업규칙 미작성 · 미신고 :** 500만 원 이하의 과태료, 행정처분

③ **근로 시간 위반 :** 2년 이하의 징역 또는 2천만 원 이하의 벌금, 형사처분

④ **최저임금 위반 :** 3년 이하의 징역 또는 2천만 원 이하의 벌금, 병과 가능, 형사처분

⑤ **4대 보험 미가입 :** 국민연금 50만 원 이하, 건강보험 500만 원 이하, 산재보험 및 고용보험 각각 300만 원 이하 과태료 부과

⑥ **해고예고수당 미지급 :** 2년 이하의 징역 또는 2천만 원 이하의 벌금

⑦ **주휴수당 미지급 :** 2년 이하의 징역 또는 1천만 원 이하의 벌금

⑧ **유급휴일 위반 :** 2년 이하의 징역 또는 1천만 원 이하의 벌금

⑨ **휴게시간 위반 :** 2년 이하의 징역 또는 1천만 원 이하의 벌금

⑩ **연장, 야간 및 휴일근로 수당 위반 :** 3년 이하의 징역 또는 2천만 원 이하의 벌금

5인 미만 사업장도 퇴직금을 지급해야 한다

직장인에게 퇴직금은 이직 준비와 노후 생활을 위해 매우 중요하다. 평생 회사를 다닐 수는 없다. 어떠한 이유로든 퇴사를 하게 되고 퇴직금을 받게 된다. 최근 퇴직금을 받지 못해서 또는 퇴직금 계산을 잘못해서 근로자와 회사 간의 분쟁을 자주 보게 된다.

회사는 근로자가 퇴사할 때는 퇴직금을 지급해야 한다. 근로자가 퇴직금을 받기 위해서는 해당 근로자의 근로기간이 1년 이상이어야 한다. 즉 계속 근로기간이 1년 미만이거나 1년 이상 근로했다고 하더라도 1주의 근로 시간이 15시간이 미만이면 퇴직금을 받을 수 없다.

2010년 12월 이전에는 상시근로자 수 5인 미만의 사업장에서는 퇴직금을 주지 않아도 됐지만 2010년 12월부터 단계적으로 퇴직금 50%를 지급하게 되었다. 2013년 1월 1일부터는 1명 이상의 근로자를 둔 모든 사업장에서 퇴직금을 100% 지급해야 할 의무가 생겼다. 모든 고용주는 1년 이상 계속 근로한 근로자에게 퇴직금을 지급해야 한다. 계약직, 일용직, 아르바이트 등 근로의 형태와 상관없이 1년 이상 계속 근로했다면 퇴직금을 지급해야 한다.

퇴직금은 퇴사 후 14일 이내에 지급해야 한다

퇴직금은 근로자가 퇴사 후 14일 이내에 지급하게 되어 있다. 근로자와 협의 없이 퇴직금 지급 기한을 어기면 연 20%의 가산이자를 근로자에게 추가로 지급해야 한다. 특별한 사정이 있어서 근로자와 협의한 경우에만 지급 기한을 연장할 수 있다. 회사의 자금 사정으로 퇴직금을 지급 기한에 지급하기 어렵다면, 퇴사하기 전에 근로자와 퇴직금의 지급 기한을 별도로 협의해야 한다.

퇴직금은 3년간 행사하지 않으면 시효로 인하여 소멸하게 된다. 퇴사 후 3년 이내에 반드시 청구해야 한다. 또한 퇴직금 중 최종 3년간의 퇴직금은 최우선 순위로 변제받을 수 있다. 퇴직금을 지급하지 않은 사용자는 3년 이하 징역 또는 2천만 원 이하의 벌금에 처하게 된다.

*「근로자퇴직급여 보장법」 최종 3년간의 퇴직급여 등은 사용자의 총재산에 대하여 질권 또는 저당권에 의하여 담보된 채권, 조세 · 공과금 및 다른 채권에 우선하여 변제되어야 한다(12조 제2항).

퇴직금은 세전 급여를 기준으로 계산한다. 3개월 평균임금의 30일분에 근속연수를 곱해서 계산한다. 평균임금이 통상임금보다 적을 경우에는 통상임금을 기준으로 계산한다. 퇴직금 계산의 기준이 되는 평균임금이란, 퇴사 전 3개월 동안 근로자에게 지급했던 임금 총액으로 각종 수당을 포함한다. 또한 퇴직일 기준으로 1년간 받은 상여금과 인센티브 금액의 1/4과 연간 지급된 연차수당의 1/4을 포함한다.

퇴직금 계산법

퇴직급여	(=)	1일 평균임금 x 30일 x 근속일수 / 365
1일 평균임금	(=)	퇴직일 이전 3개월간의 임금 총액 / 퇴직일 이전 3개월간의 총 일수
퇴직일 이전 3개월간의 임금총액	(=)	3개월간의 월 급여 총액 + 연간 지급된 상여금의 ¼ + 연간 지급된 연차수당의 ¼

ex) ①**입사일자 :** 2018년 1월 1일 ②**퇴사일자 :** 2022년 12월 31일 ③**재직일수 :** 1826일
④**월 기본급 :** 300만 원 ⑤**연간 상여금 :** 400만 원 ⑥**연간 연차수당 :** 50만 원

퇴직급여	= 110,054 x 30 x 1826 / 365
	= **16,517,190 원**
1일 평균임금	= 10,125,000 / 92(10월 31일, 11월 30일, 12월 31일)
	= **110,054 원**
퇴직일 이전 3개월간의 임금총액	= 9,000,000 + 1,000,000 + 125,000
	= **10,125,000 원**

퇴직금 중간 정산하면 안 된다

퇴직금은 근로자가 1년 이상의 기간 계속 근로를 제공하고, 퇴직할 경우에 사용자가 근로자의 근로 제공에 대한 임금 일부를 지급하지 아니하고 축적했다가 이를 기본적 재원으로 해서 근로자가 퇴직할 때 이를 일시금으로 지급하게 된다. 그러나 다음과 같이 중도에 퇴직금을 지급하기도 한다.

"직원이 급하게 자금이 필요하다고 하는데 퇴직금을 중간 정산해서 지급해도 될까요?"

지급할 수 있다. 그러나 퇴직금 중간 정산을 하기 위해서는 중간 정산 사유에 해당해야 한다. 특별한 사유가 없는 한 퇴직금 중간 정산을 법으로 금지하고 있다. 단 퇴직금 중간 정산 사유에 해당되어 근로자가 요청

하면 퇴직금을 지급할 수 있다. 퇴직금 중간 정산 사유에 해당하더라도 사용자 측에서 지급을 거부할 수 있다. 사용자와 근로자가 협의해서 진행해야 할 사항이지 사용자가 반드시 퇴직금 중간 정산을 지급해야 할 의무는 없다.

근로자퇴직급여 보장법 시행령 제3조(퇴직금의 중간정산 사유)

① 무주택자인 근로자가 본인 명의의 주택을 구입하는 경우
② 무주택자인 근로자가 주거를 목적으로 전세금, 보증금을 부담하는 경우 (한 직장에 근로하는 동안 1회로 한정)
③ 6개월 이상 요양을 필요로 하는 질병, 부상에 대한 요양비를 부담하는 경우 (환자가 본인, 배우자, 부양가족인 경우)
④ 퇴직금 중간정산 신청일로부터 역산하여 5년 이내에 근로자가 파산선고를 받은 경우
⑤ 퇴직금 중간정산 신청일로부터 역산하여 5년 이내에 근로자가 개인회생절차개시 결정을 받은 경우
⑥ 사용자가 정년을 연장, 보장하는 조건으로 임금을 줄이거나 소정근로시간을 변경하여 3개월 이상 근무하기로 한 경우
⑦ 그밖에 천재지변 등으로 피해를 입는 등 고용노동부장관이 정하여 고시하는 사유와 요건에 해당하는 경우

6장

비용처리만 잘해도 세금이 줄어든다고?

01

비용 지출 후 어떤 증빙을 받아야 하나?

증빙을 챙겨야 절세할 수 있다

세법에서는 사업과 관련된 모든 거래에 관한 증명서류를 작성하거나 받아서 신고 기한이 지난날부터 5년간 보관하도록 하고 있다. 사업과 관련하여 지출했다면 관련 증빙을 받아서 5년간 보관해야 한다는 의미다.

지출 사실을 증명하는 것이 '증빙'이다. 사업과 관련하여 지출할 경우 반드시 지출과 관련한 증빙을 챙겨야 한다. 증빙을 챙기지 못하면 절세할 수 없다. 소득세는 수익에서 비용을 뺀 소득금액을 기준으로 계산된다. 지출 증빙을 챙기지 못하면 비용으로 인정받지 못하고 소득금액이 늘어나 소득세를 더 내게 된다. 만약에 영상 촬영 소품을 현금 100만 원에 구입하고 증빙 없이 현금으로 지출했다면 소득세를 얼마나 더 내야 할까? 소득세율(6%~45%)에 따라 적게는 6만 원에서 많게는 45만 원까지 더 내야 한다.

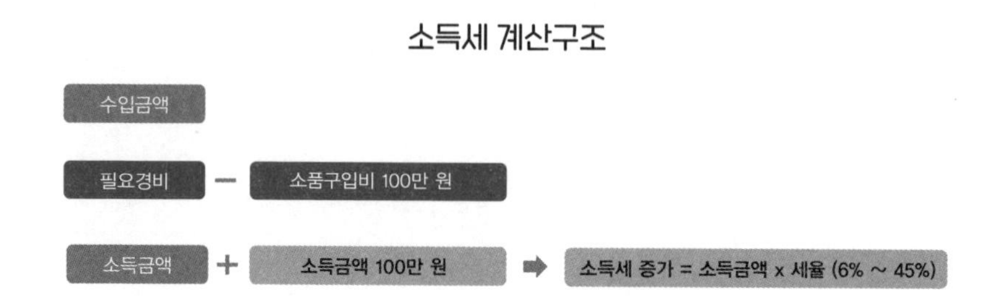

증빙은 소득세뿐만 아니라 부가세도 줄여준다. 부가세를 줄이기 위해서는 매입세액공제와 관련된 증빙을 챙겨야 한다.

부가세 신고 때 중고거래를 통해 고가의 카메라를 매입하고 송금영수증으로 부가세 공제를 받게 해달라고 요청한다. 안타깝게도 부가세 매입세액공제를 받기 위해서는 세법에 맞는 증빙을 받아야 한다. 즉 '적격증빙'을 받아야만 부가세를 공제받을 수 있다.

대표적인 적격증빙은 세금계산서 및 계산서, 현금영수증과 신용카드 매출전표 등이 있다. 증빙을 어떻게 관리하고 어떤 증빙을 받아야 하는지가 절세의 핵심 포인트다.

정규지출증빙을 받아야 비용으로 인정받는다

사업과 관련하여 지출이 발생할 때 많이 물어보는 질문이 있다. 어떤 증빙을 받아야 세무적으로 문제가 없는지, 간이영수증으로 받았는데 경비 처리가 되는지, 부가세를 줄이려면 어떻게 해야 하는지 등이다. 정답은 '정규지출증빙'이다. 정규지출증빙을 받으면 세무적으로 문제가 되지 않고, 경비로도 인정받을 수 있고, 부가세도 줄일 수 있다.

부가가치세 계산구조

매출세액
−
매입세액
① 세금계산서 매입세액 + ② 신용카드, 현금영수증 매입세액
=
매출세액

법인세법 또는 소득세법에서 규정하는 정규지출증빙의 종류는 세금계산서, 계산서, 신용카드 매출전표, 현금영수증이다. 사업자가 사업과 관련하여 사업자로부터 재화 또는 용역을 공급받고 그 대가를 지출하는 경우 거래 건당 거래금액이 3만 원을 초과하는 경우에는 반드시 정규지출증빙을 받아야 한다.

정규지출증빙을 받지 않을 경우 해당 비용 금액의 2%에 해당하는 증빙불비가산세를 물어야 한다. 건당 거래금액(부가가치세 포함)이 3만 원 이하인 경우에는 정규지출증빙을 받지 않아도 되고, 증빙불비 가산세도 부과되지 않는다.

정규지출증빙 수취대상 거래	①,②,③ 모두 충족
①사업자와의 거래	세금계산서 계산서 신용카드 현금영수증
②재화나 용역의 공급대가	
③3만 원 초과 거래(접대비 1만 원)	

접대비의 경우에는 1만 원 초과 시에는 반드시 정규지출증빙을 받아야 한다. 그러나 경조사비는 청첩장, 부고장, 지출결의서 등과 같은 증빙자료를 통해 20만 원까지 현금 사용이 인정된다. 이처럼 사업과 관련된 지출에 대해 정규지출증빙을 챙기는 것이 절세의 첫걸음이다.

정규지출증빙 4가지

사업자는 사업과 관련하여 재화나 용역을 공급받았을 경우 그 사실을 증명할 수 있는 증빙을 수취해야 한다. 이 경우 거래 건당 금액(부가가치세 포함) 3만 원(접대비의 경우 1만 원)을 초과하여 지출하는 경우에는 반드시 세금계산서, 계산서, 신용카드 매출전표, 현금영수증으로 증빙을 받아야 비용으로 인정받을 수 있다. 이 4가지 정규지출증빙으로 수취하지 않은 경우에는 거래대금의 2%에 해당하는 증빙불비 가산세를 납부하게 된다. 4가지 정규지출증빙을 좀 더 자세히 알아보자.

■ 세금계산서

사업자가 물품을 판매하거나 서비스를 제공할 때 부가가치세 10%를 징수하고 이를 증명하기 위하여 공급받는 자에게 발행해주는 것을 말한다. 부가가치세 신고에 대부분을 차지하는 중요한 증빙으로 매출처와 매입처가 1매씩 보관하며 각각이 신고한 금액이 일치하여야 한다. 두 사업자가 각각 부가가치세 신고를 하고 국세청은 이를 크로스 체크를 하게 된다. 따라서 세금계산서가 신고에서 누락되지 않도록 철저한 관리가 필요하다.

■ 계산서

계산서는 부가가치세가 면제되는 면세 물품을 공급할 때 발행하게 된다. 세금계산서와 다른 점은 부가가치세 10%를 거래징수하지 않는다는 것이다. 주로 면세사업자가 발행하게 된다. 그러나 과세사업자라 하더라도 면세 물품을 공급할 때는 계산서를 발급해야 한다.

■ 신용카드 매출전표

신용카드 매출전표는 재화 또는 용역을 공급받는 사업자가 신용카드를 사용하고 발급받은 영수증을 말한다. 법인의 경우 법인카드, 개인은 사업용 신용카드 등을 사업과 관련하여 지출하고 발급받게 된다. 선불카드(무기명)는 정규지출증빙으로 인정받지 못한다. 따라서 선불카드를 사용했을 경우에 지출증빙용 현금영수증 발급을 요청해야 정규지출증빙으로 인정받을 수 있다.

■ 현금영수증

현금영수증은 현금으로 물품을 구입하고 이에 대한 증빙으로 발급받는 영수증이다. 일반적으로 근로자가 소득공제를 받기 위해 요청하게 된다. 그러나 사업자와 관련된 지출일 경우에는 비용으로 인정받기 위해 지출증빙용 현금영수증을 발급받아야 한다.

세금계산서와 계산서의 다른 점이 뭐예요?

"인스타그램을 통해 고구마를 홍보하고 판매수수료를 받아야 하는데 업체에서는 부가세가 면제되는 계산서를 발행해달라고 합니다. 계산서를 발행해도 될까요?"

인플루언서는 면세 품목인 고구마를 직접 구매해서 판매한 게 아니라 인스타그램을 통해 홍보를 하고 판매에 대한 일정액의 판매수수료를 받는 과세 용역을 제공한 것이다. 따라서 부가세가 과세되는 세금계산서를 발행해야 한다.

부가가치세 신고 때가 되면 세금계산서와 계산서의 차이에 대해 많이들 물어본다. 쉽게 말하자면 세금이 있고 없고의 차이로, 부가가치세 10%를 물건값에 포함해서 청구하느냐, 안 하느냐다.

'세금계산서'는 부가가치세가 과세되는 물품이나 서비스를 공급했을 경우 거래 사실을 입증하는 서류고, '계산서'는 부가가치세가 면제되는 물품이나 서비스를 공급했을 경우 발급하게 된다. 즉 부가가치세가 과세되는 과세거래일 경우에는 세금계산서, 면세거래일 경우에는 계산서를 발급하게 된다.

부가세가 면제되는 품목을 매입하고 계산서가 아닌 세금계산서를 발급받으면 부가세 매입세액 공제를 받지 못한다. 계산서로 발급받았으면 안 내도 될 부가세를 판매자에게 지불한 것이다. 중요한 것은 사업과 관련하여 지출했는데 세금계산서를 받아야 하는지 계산서를 받아야 하는지 판단하는 게 중요하다. 그렇다면 어떤 물건에 부가가치세 10%가 붙고, 어떤 물건에 안 붙는지 다음 정리한 표로 확인하자.

면세 적용 대상

면세 적용 대상	면세 항목
기초생활필수품	1. 미가공 식료품(곡류, 채소류, 수축류, 수육류 등) 2. 국내 생산 비식용 미가공 농 · 축 · 수 · 임산물 3. 수돗물(생수는 과세) 4. 연탄과 무연탄 5. 여성용 생리 처리 위생용품
국민후생용역	1. 의료보건용역(성형수술 등 일부 용역은 과세)과 혈액 2. 교육용역 3. 여객운송용역 4. 주택과 부수 토지 임대용역
문화관련용역	1. 도서 · 신문 · 잡지 등 및 방송 2. 도서관, 박물관, 미술관 등의 용역 3. 예술창작품, 문화행사, 예술행사 등의 용역
금융보험용역 · 인적용역	1. 금융보험용역 2. 법 소정 인적용역
기타 재화, 용역	우표, 복권, 공중전화, 특수용 담배, 토지의 공급

부가가치세는 일반소비세로서 그 과세 대상을 재화 및 용역의 공급, 재화의 수입으로 포괄적으로 규정하고 있지만 세금 부담의 역진성 완화 및 조세정책적인 고려 등에 의하여 예외적으로 면세 규정을 두고 있다.

부가가치세 면세는 부가가치세가 면세되는 재화 또는 용역을 공급하는 면세사업자를 위한 제도가 아니라, 재화나 용역을 제공받는 최종 소비자의 부가가치세 부담을 줄여주기 위한 제도다.

부가가치세가 면제되는 면세품은 기초생활필수품, 국민후생적 용역, 생산요소 용역, 문화 · 금융 · 인적용역 등이 해당된다. 면세사업자는 면세품에 해당되는 사업만을 영위해야 한다. 그러나 과세사업과 면세사업을 경영할 시 사업자등록증을 과세사업자로 변경하면 된다.

인스타그램 마켓 사업자가 챙겨야 하는 경비는?

SNS 마켓 사업자가 챙겨야 하는 경비 항목

SNS 마켓 사업자는 인스타그램과 같은 SNS 채널에서 인지도를 쌓아 이를 이용해 상품을 매입하여 판매하거나 상품 홍보를 하고 판매 수량에 따라 수수료를 받는다. 인스타그램과 같은 채널이 활성화되어있지 않으면 SNS 마켓 사업을 시작할 수 없다. 따라서 채널 유지에 들어가는 지출은 비용 공제 대상이다. 그러나 개인적인 지출이나 채널 활성화와 관련 없는 지출은 비용으로 공제받을 수 없다.

인스타그램과 같은 SNS 채널을 통해 수익을 내기 위해서 발생한 지출에 대해서만 비용처리가 가능하다. 사업과 관련하여 지출하고 적격증빙을 받으면 비용처리 할 수 있다. 간혹 고가의 촬영 장비를 구입하면서 적격증빙을 받지 않고 송금해주는 경우가 있다. 앞서 말했듯 세법에서

계정과목	내　　용
복리후생비	직원 식대, 회식대, 야유회, 경조사, 피복비, 건강보험회사부담액 **(직원이 없는 경우 공제불가)**
여비교통비	교통비, 국내외 출장여비, 주차료, 통행료
접대비	일반 접대비, 경조사비, 문화, 예술접대비
통신비	전화료, 우편료, 정보통신료
수도광열비	상하수도료, 도시가스, 난방용 유류대
전력비	전기요금
세금과공과금	자동차세, 재산세, 인지세, 협회비, 국민연금회사부담액
감가상각비	고정자산 상각비
임차료	사무실임차료, 복사기임차료
수선비	건물,공기구, 비품, 기타 수선비
보험료	산재보험료, 자동차, 화재, 보증 보험료
차량유지비	유류대, 차량수리비, 주차료, 검사비
경상연구개발비	외주연구개발비, 시험재료비, 연구원급여
운반비	운반비, 상하차비, 배달비
교육훈련비	강사초청료, 연수원임차료, 학원연수비, 위탁훈련비, 해외연수비
도서인쇄비	신문구독료, 도서, 인쇄대금, 사진현상, 복사, 고무인 대금
회의비	초청장인쇄비, 회의식대, 회의용소모품비
포장비	포장외주비, 포장재료비
사무용품비	장부서식대, 문구대금, 사무용품비
소모품비	소모자재대금, 차·음료대, 기타소모품비
수수료비용	자문료, 기장료, 검사수수료 등 각종 수수료
보관료	창고료, 보관수수료, 보관부대비용
광고선전비	TV·신문광고, 광고물제작, 광고용역비, 선전용품대금
판매촉진비	판매장려금, 판매수수료, 판촉수당, 판매촉진비, 판촉용선물대금
이자비용	차입금이자, 무역금융이자, 사채이자, 연체이자

는 사업과 관련해서 3만 원 이상 지출하면 반드시 적격증빙을 받도록 규정하고 있다. 적격증빙을 미수취하면 거래금액의 2%에 해당하는 가산세를 내야 한다. 세금을 줄이는 가장 쉬운 방법은 경비를 챙기는 것이다. 210p에 있는 표를 통해 잘 알아두길 바란다.

절세의 시작 현금영수증, 사업자는 지출증빙용! 근로자는 소득공제용!

사업자는 사업과 관련해서 현금으로 지출할 경우 이를 증명하기 위해 지출증빙용 현금영수증을 발급받아야 한다. 현금영수증은 소비자가 현금으로 비용을 지출하고 휴대 전화번호, 주민등록번호, 사업자등록번호를 알려주면 가맹점이 발급해 준다. 현금영수증은 소득공제용과 지출증빙용으로 구분된다.

소득공제용은 근로자가 연말정산 시 소득공제를 받기 위해 발급받는다. 현금영수증 사용액의 30%를 소득공제 받을 수 있다. 근로자가 소득공제 받을 수 있는 최대한도는 연봉의 20% 또는 300만 원 중 낮은 금액이다.

종 류	소득공제용(근로자)	지출증빙용(사업자)
현금영수증, 체크카드	소득공제 30%	필요경비 인정, 부가세 매입세액 공제
신용카드	소득공제 15%	

지출증빙용은 사업자가 소득세 신고 시 비용으로 인정받을 수 있고 부가세 매입세액공제도 가능하다. 사업자의 경우 현금영수증을 소득공제용으로 발급받게 되면 매입세액공제와 소득세 신고 시 비용으로 인정받을 수 없게 된다. 따라서 반드시 지출증빙용으로 발급받아야 한다. 만약 현금영수증을 소득공제용으로 발급받았다면 홈택스 홈페이지에서 지출증빙용으로 용도변경 할 수 있다.

승용차 차량유지비 100% 비용처리 받으려면?

법인사업자와 복식부기 의무자인 개인사업자의 업무 승용차 관련 비용은 일정 요건 · 기준을 따라야 비용으로 공제받을 수 있다. 업무용 차량의 사적 사용을 방지하고, 사적 사용과 업무용 사용이 혼용되는 차량의 합리적인 비용처리를 위해 2016년부터 '업무용 승용차 비용 특례제도'를 시행하고 있다.

회사의 비용 중 적지 않은 비중을 차지하는 것이 바로 차량유지비다. 차량유지비는 차량취득에 관한 감가상각비, 렌트비, 리스비와 유지에 관련된 유류대, 보험료, 수리비 등을 포함한다. 대부분의 회사가 업무상 필요에 의해 차량을 보유하고 운영하고 있다.

그러나 세법에서는 업무용 승용차 관련 비용을 무조건 인정해주지는 않는다. 법인차량 대부분은 임원과 그 가족이 사적으로 사용하는 경우가 종종 있기 때문이다. 임직원이 업무와 관련해서 사용했다 하더라도 차량 운행일지를 작성하지 않는 경우가 많다. 이 제도를 정확하게 이해하지 못해 세금이 추징되는 경우가 많다. 세법에서 인정해주는 '비용처리기준'이 있기 때문이다.

법인사업자는 반드시 임직원 전용 보험을 가입해야 한다. 미가입 시에는 관련 비용 전액을 비용으로 인정받지 못한다. 개인사업자의 경우는 성실신고 대상자와 전문직 종사자에 한해 전용 보험 가입 의무(1대인 경우 제외)가 생겼고 미가입 시 관련 비용의 50%만 비용으로 인정받게 된다. 운행기록부 작성 부담을 덜어주기 위해 업무 전용 자동차보험에 가입한 경우 운행기록부를 작성 · 비치하지 않아도 손금으로 인정되는 비용이 대당 연간 1천만 원에서 1천5백만 원으로 상향되었다. 차량 1대당 연간 차량유지비가 1천 5백만 원 이상이 지출된다면 반드시 차량 운행일지를 작성해야 전액 비용으로 인정받을 수 있다.

■ 업무용 승용차 비용 공제요건

① 임직원 전용 자동차보험 가입

② 운행기록부 상 총 주행거리에서 업무용 사용 거리가 차지하는 비율만큼 비용 인정

③ 감가상각비 등의 연간 비용 한도를 둠(연간 8백만 원)

업무용 승용차 비용 특례제도

사적 사용	사적, 업무 혼용	업무 전용
전액 비용 불인정	① 업무 사용 비율 등에 따라 비용 인정	② 전액 비용 인정

① 전용 보험+승용차별 운행기록부 상 총 주행거리 중 업무용 거리가 차지하는 비율

② 전용 보험 + 연간 한도(8백만 원)를 초과하는 감가상각비 등의 비용 공제 시기를 이월

또한 모든 사업자가 업무용 승용차 비용 특례제도에 해당하는 것은 아니다. 법인 및 개인사업자 중 복식부기 의무자가 적용 대상이다. 복식부기 의무자란 업종별로 직전 과세기간의 수입금액의 합계액이 일정액을 초과하는 사업자를 말하며, 전문직사업자는 직전 연도 수입금액 규모에 상관없이 복식부기 의무자에 해당한다.

복식부기 의무자

구분	업 종	기준금액
1	농업 · 임업 및 어업, 광업, 도매 및 소매업, 부동산매매업 등	3억 원
2	제조업, 숙박 및 음식점업, 전기 · 가스 공급업, 건설업, 운수업 및 창고업, 정보통신업, 금융 및 보험업, 상품중개업 등	1억 5천만 원
3	부동산 임대업, 부동산업, 전문 · 과학 및 기술 서비스업, 교육 서비스업, 보건업 및 사회복지 서비스업, 예술 · 스포츠 및 여가관련 서비스업 등	7천 5백만 원

*전문직사업자: 의료업, 수의업, 약사업, 한약사업, 변호사업, 심판변론인업, 변리사업, 법무사업, 공인회계사업, 세무사업, 경영지도사업, 기술지도사업, 감정평가사업, 손해사정인업, 통관업, 기술사업, 건축사업, 도선사업, 측량사업, 공인노무사업

부가세 공제를 받지 못하는 "업무용 승용차"

세법상 법인 및 개인사업자가 취득하거나 임차, 리스lease한 차량 중 개별소비세가 부과되는 승용차가 업무용 승용차에 해당한다. 적용 대상인 업무용 승용차의 범위는 「개별소비세법」 제1조 제2항 제3호에서 규정하고 있다. 개별소비세가 부과되는 업무용 승용차에 해당이 되면 부가가치세법상 매입세액공제도 받을 수 없다.

정원이 9인승 이상의 승합차나 배기량 1,000cc 미만의 경차는 업무용 승용차 특례 적용대상이 아니므로 업무 무관 사용이 아닌 경우 전액 비용으로 인정된다. 또한 차량 구입과 유지에 관련하여 지출된 비용에 대해 부가가치세 매입세액 공제도 받을 수 있다.

법인은 업무용 승용차에 대한 감가상각비, 임차료, 유류비, 보험료, 수리비, 자동차세, 통행료 등을 비용으로 인정받기 위해서는 임직원 전용 보험에 꼭 가입해야 한다. 미가입 시 비용으로 인정받을 수 없고 대표이사에게 상여 처분되어 소득세를 추가로 납부해야 한다.

법인 업무용 승용차 비용 인정 여부

<table>
<tr><th>구분</th><th>개별
소비세</th><th>매입
세액</th><th>임직원 전용
보험</th><th colspan="2">비용 인정</th></tr>
<tr><td rowspan="3">업무용 승용차</td><td rowspan="3">대상</td><td rowspan="3">불공제</td><td>미가입</td><td colspan="2">비용 인정(×)</td></tr>
<tr><td rowspan="2">가입</td><td>운행일지
작성(×)</td><td>비용 인정(0)
(연 1천 5백만 원 한도)</td></tr>
<tr><td>운행일지
작성(0)</td><td>비용 인정(0)
(업무 사용 비율만큼)</td></tr>
<tr><td>업무용 승용차 제외
(1,000cc 미만 경차,
승합차, 화물차)</td><td>제외</td><td>공제</td><td>가입 의무
없음</td><td colspan="2">비용 인정(0)</td></tr>
</table>

■ **업무용 승용차에서 제외되는 경우**

① 1,000cc 미만 경차, 승합차, 버스, 화물차, 택시 등의 영업용 차량

② 운수업, 자동차 판매업, 자동차 임대업, 운전학원, 경비업(출동 차량에 한정)

③ 기획재정부령으로 정하는 승용차(장례식장 및 장의 관련업 자동차), 자율주행자동차

업무용 승용차 사적으로 사용하면 안 된다

업무용 승용차를 가족이 사적으로 사용하면 차량 관련 비용을 경비로 인정받을 수 없게 된다. 법인이 보유하고 있는 업무용 승용차를 배우자와 자녀 등이 사적으로 사용한 사실이 밝혀져 관련 비용 전액을 부인하고 법인세를 추징당하는 일이 있다. 특히 법인의 업무용 승용차에 대해서는 임직원 전용 보험에 가입해야 한다. 가족의 경우 임직원에 해당하지 않아 사고 시 보험적용을 받을 수 없게 된다. 따라서 누구나 운전보험에 가입하는 경우가 있다. 임직원 전용 자동차보험에 가입하지 않고 차량 임차료, 유류비, 보험료, 자동차세 등을 전액 비용으로 법인세 신고를 하였다면 국세청은 임직원 전용 보험 미가입으로 관련 비용 전액을 부인하고, 법인에는 법인세를 차량을 사용한 자에게 소득세를 추징하게 된다.

업무용 승용차 관련 세무조사, 신고내용검증 등에서 가장 많이 지적되는 것은 전용 보험 미가입, 운행기록부 미작성, 임차료(리스 · 렌탈) 비용 한도 초과, 업무 사용 비율 과다계상, 전업주부 등 가족사용, 가사와 같은 업무 외 사용 등이다.

법인차량의 경우 반드시 차량별 운행기록부를 작성하여야 하고, 차량별로 임차료, 유류비, 수선비, 자동차세, 통행료 등 지출한 비용을 집계해야 한다. 차량별 운행기록부는 업무용 사용 거리를 확인하여 업무 사용 비율만큼 비용을 인정받기 위하여 작성된다. 따라서 차량별로 차량 유지비 지출에 대한 집계와 운행기록부를 같이 작성해야 세금 추징을 피할 수 있다.

국세청은 업무용 승용차를 사적으로 사용하고 비용으로 처리하는 경우 세무조사, 신고내용분석 등을 통해 철저하게 검증하고 있다. 업무용 승용차 '비용처리기준'을 철저하게 지켜서 세금 추징을 당하는 일이 없도록 해야 한다.

경조사비 20만 원까지 비용으로 인정받을 수 있다

세법에서는 거래처 등에 지출한 경조사비에 대해 적격증빙이 없어도 한 건당 20만 원까지 비용으로 인정해주고 있다. 그러나 축의금을 30만 원 지출했다면 20만 원 초과분 10만 원만 경비로 인정받지 못하는 게 아니라 전체 금액 모두를 비용으로 인정받지 못하게 된다.

경조사에 관하여 청첩장이나 부고장은 주로 메신저나 문자메시지로 받게 된다. 이 경우 스마트폰 화면을 캡처해 프린트해 놓아야 한다. 법적 지출증빙을 제출하지 않아도 되나 객관적인 사실을 입증해야 한다.

사업의 규모에 따라 일 년에 경조사비로 지출되는 금액은 다르다. 직업정보 전문사이트 설문조사에서 직장인 한하여 경조사비 평균이 140만 원 정도 지출한다는 조사 결과가 있다. 사업자의 경우 직장인보다는 경조사비 지출이 많을 것으로 예상된다. 챙기지 않으면 절세할 수 없다. 경조사비 지출과 관련하여 적극적으로 증빙을 챙겨서 절세해야 한다.

거래처에 지출한 경조사비는 접대비에 해당하며, 임원 또는 직원에게 지출된 경조사비는 복리후생비로 비용처리가 가능하다. 사업자가 종업원에게 사회 통념상 타당하지 않은 큰 금액의 경조금을 지급하면 종업원의 근로소득으로 보게 된다. 따라서 임원이나 직원에게 지급할 경우 경조사비 지급 규정, 경조사 내용, 법인의 지급 능력, 종업원의 직위 · 연봉 등을 종합적으로 살펴 적정하게 지급되어야 한다.

해외 출장비 100% 경비 인정받기

해외 출장비는 회사 임직원이 업무와 관련하여 해외 출장 지역에서 지출한 비용으로 교통비와 체재비를 말한다. 해외 출장비를 경비로 인정받기 위한 전제 조건이 있다. 업무와 관련성이 있어야 한다. 가끔 관광여행 허가를 받은 단체여행을 다녀오고 해외 출장비로 경비 처리를 해달라고 하는 경우가 있다. 아쉽지만 업무 관련성을 입증하지 못하면 경비 처리를 할 수 없다.

피감기관의 지원을 받아 외유성 해외 출장을 갔다는 의혹을 받는 현직 국회의원들이 검찰에 고발되기도 한다. 해외 출장이 국익을 위한 일정보다는 여행 일정이 많았기 때문일 것이다. 회사도 임직원의 업무와 관련 없는 해외 출장비에 대해선 비용을 부인하고 해당 임직원에 대한 급여로 보아 과세한다.

세무조사 때 빠지지 않고 보는 것이 해외 출장경비다. 대부분 해외 출장경비는 증빙을 챙기기 어렵고 출장의 목적이 불분명한 경우가 많다. 그리고 회사에서 해외 출장을 자주 가는 대상이 임원인 경우가 많다. 직원의 경우 출장경비를 정산받기 위해 출장 여비 정산서를 작성하게 된다. 출장 여비 정산서에는 출장자와 출장지, 출장목적, 출장 기간, 출장경비에 대한 지출증빙을 첨부해서 제출해야 한다. 그러나 임원 출장의 경우 출장 사실을 객관적으로 입증해 주는 출장신청서나 출장 여비 정산서 등을 제출하지 않는 경우가 많다.

세법에서는 해외에서 지출한 비용에 대해서는 지출증빙서류를 갖추지 않더라도 비용으로 인정해주고 가산세도 부과하지 않는다. 사규에 의해 지출이 되었다 하더라도 실무적으로는 숙박비나 식비 등 신용카드 사용이 가능한 경우에는 적극적으로 지출증빙을 수취해야 한다. 항공요금은 회사에서 지출하게 되지만 해외 현지에서 사용하게 되는 출장비와 숙박비 등은 회사의 사규에 따라 정액으로 지급하는 것이 관행이다. 세법에서는 해외 출장의 목적이 업무와 관련성이 있다는 것과 해외 출장비가 사회 통념상 적정한 수준의 금액이라는 것을 회사가 입증해야 한다. 따라서 사규에 해외 출장비 지급 규정이 정해져 있어야 한다.

사적으로 사용하면 세금계산서를 받아도 경비 처리 안 된다

회사에서 지출한 금액 중 지출 내용이 명확하지 않거나 업무와 관련 없는 사적 지출이라면, 정규지출증빙으로 받았더라도 비용으로 인정받을 수 없다. 부가가치세 신고 때 법인 회사의 대표가 본인의 집수리를 하고 매입 세금계산서를 발급받아왔다. 세금계산서로 받아 왔으니 부가세 신고 때 매입세액공제를 받아 달라고 한다. 세금계산서를 받으면 사용 목적과 관계없이 무조건 부가세 공제가 가능하고 비용으로 인정받을 수 있다고 생각했다.

경비 처리는 사업과 관련하여 지출된 비용만 인정받을 수 있다. 비록 세금계산서나 신용카드 등 정규지출증빙으로 받았다 하더라도 사업과 무관하게 지출된 가사 관련 비용이나 개인적인 비용은 경비로 처리할 수 없다. 국세청에서도 신용카드 수취분 매입세액에 대해 사업 무관 경비로 부당 공제받았는지에 대해 정밀하게 분석하고 있다.

방금 살펴본 것처럼 법인의 대표가 지출한 집수리 금액이 업무 무관 가사 경비로 밝혀지면 법인 비용으로 인정받지 못하게 되어 법인세가 과세되고, 대표는 소득세를 추가로 납부하게 된다. 또한 부당 과소신고로 인한 가산세 40% 등 본세와 가산세를 합치면 업무 무관으로 지출된 금액만큼 세금을 추징당할 수 있으므로 각별히 조심해야 한다.

1만 원 이상 접대비는 법인카드로 사용하자

"접대비와 복리후생비의 차이점이 뭔가요?"

지출의 성격과 대상이 다르다. 복리후생비는 종업원의 복리를 위해 종업원에게 지출하는 경비를 말하고, 접대비는 업무와 관련하여 종업원 이외의 특정인에게 지출하는 비용을 말한다. 일반적으로 접대비란 거래처에 영업을 목적으로 지출되는 경우가 많다. 거래처에 지출되는 비용 중 상품권, 경조사비, 유흥, 음식, 골프접대 등이 접대비에 해당한다.

접대비 지출 시 주의해야 할 사항은 2가지다. 첫째, 법인의 업무와 관련하여 지출하였나. 둘째, 적격증빙을 갖췄나이다. 1만 원 미만의 접대비는 간이영수증으로도 비용처리가 가능하다. 그러나 접대비로 1만 원 이상 지출 시 반드시 적격증빙(신용카드, 현금영수증, 세금계산서, 계산서)을 받아야 비용으로 인정받을 수 있다.

임직원 카드로 지출한 접대비는 비용으로 인정받지 못한다. 직원 카드로 100만 원을 접대비로 지출하였다면 전액을 비용으로 인정받지 못해 세금을 더 내야 한다. 접대를 해야 할 경우에는 반드시 법인카드를 사용해야 비용으로 인정받을 수 있다.

접대비에는 한도가 정해져 있다. 종업원을 위하여 지출되는 복리후생비는 전액 경비 처리가 가능하다. 그러나 접대비는 지출된 전액을 비용으로 인정받을 수 없다.

예를 들어 중소기업의 경우 기본한도 3,600만 원과 매출액에 따른 추가 금액을 합친 금액이 접대비 한도가 된다. 일 년 매출액이 100억 원이라 가정하면 기본한도 3,600만 원과 매출액 100억 원의 0.3%인 3,000만 원을 합친 6,600만 원이 한도가 된다.

■ 기본한도

기본한도금액 = A × B × 1/12

A : 1천 200만 원 (「조세특례제한법」 제5조 제1항에 따른 중소기업의 경우에는 3천600만 원)
B : 해당 과세기간의 개월 수 (이 경우 개월 수는 역에 따라 계산하되, 1개월 미만의 일수는 1개월로 한다)

■ 수입금액별 한도

수입금액	적 용 률
가. 100억 원 이하	0.3 퍼센트
나. 100억 원 초과 500억 원 이하	3천만 원 + (수입금액 - 100억 원) × 0.2퍼센트
다. 500억 원 초과	1억 1천만 원 + (수입금액 - 500억 원) × 0.03퍼센트

문화접대비가 뭐야?

정부는 2007년부터 건전한 기업 접대 문화를 활성화하기 위해 문화접대비 제도를 도입했다. 문화접대비란 문화예술 공연 및 전시, 박물관 입장권, 국민체육진흥법에 의한 체육활동의 입장권, 비디오물, 음반 · 음악영상물, 서적 및 출판물의 구입을 통해 문화비로 지출한 접대비를 말한다.

접대비는 비용으로 인정받을 수 있는 한도가 정해져 있다. 접대비 한도를 초과하면 세금을 더 부담하게 된다. 하지만 문화접대비로 지출된 금액은 일반접대비 한도의 20%를 추가로 인정해주고 있다. 즉 문화접대비로 지출된 금액만큼 비용으로 인정받아 세금을 줄일 수 있게 된다. 접대비는 기업활동 중 부득이 지출하게 된다. 필연적으로 접대비를 써야 한다면 문화접대 지출로 세금을 줄이는 노력을 해야 한다.

■ 문화접대비 한도

Min(문화접대비 지출액, 일반접대비 한도액)*20%

구분	내 용
항목	공연 · 전시회 · 박물관 입장권 운동경기 관람권 비디오물 · 음반 · 음악영상물 · 출판간행물 문화관광축제 · 박람회 · 문화재 입장권 미술품(100만 원 이하)
한도액	문화접대비 지출액과 일반접대비 한도액 ×20% 중 적은 금액 비용 처리 가능

기부금으로 세금 줄이기

기업이 지출하는 비용 중에 착한 비용이 있다. 바로 기부금이다. 기부금을 내면 사회공헌도 하고 세금도 줄일 수 있다. 'ESG행복경제연구소' 발표에 의하면 국내 시총 200대 기업들의 2021년 기부금액은 매출액 대비 평균 0.20%인 것으로 나타났다.

27년간 많은 기업의 재무제표를 보아왔다. 기업이 얻은 이익을 꾸준히 사회에 환원하는 기업들이 있다. 매해 수억 원씩 학교와 봉사단체에 기부하는 대표님을 보면서 많은 것을 배우기도 한다. 금액이 적더라도 꾸준히 기부하는 기업을 보면 마음이 따뜻해진다. 이처럼 기부금이란 특수관계가 없는 타인이나 기업에 사업과 직접 관련 없이 지출하는 재산적 증여의 가액을 말한다.

세법에서는 기부문화 활성화를 위해 기부하는 개인과 법인에 대해서 기부금을 비용으로 인정하고 소득세 · 법인세를 경감토록 하고 있다. 기부금은 법인세법이나 소득세법에서는 법정기부금으로 조세특례제한법상에서는 지정기부금 및 비지정 기부금으로 구분한다. 법정기부금과 지정기부금은 일정 한도 내에서 손금(개인사업자인 경우 필요경비)으로 인정되며, 비지정 기부금은 전액 손금불산입하도록 규정하고 있다.

기부금의 종류는 다음과 같이 크게 4가지로 나뉜다.

① **법정기부금 :** 국가 · 지방자치단체, 병원에 시설비 · 교육비, 사회복지사업 법인 등 기부

② **지정기부금 :** 종교단체와 지정된 공익단체에 기부

③ **정치자금 기부금 :** 후원하는 정당이나 정치인, 선거관리위원회에 기부

④ **우리사주 조합 기부금 :** 회사의 주식을 취득 · 관리할 목적으로 만들어진 우리사주 조합에 낸 기부금

기부금 공제 한도

기부금 종류	개인사업자	법인사업자
①정치자금기부금 ②법정기부금	기준소득금액 * × 100%	[기준소득금액 * * − 이월결손금(10년 내 발생)] × 50%
③우리사주조합기부금	(기준소득금액−①−②) × 30%	[기준소득금액 * * − 이월결손금(10년 내 발생)−②] × 50%
④지정기부금 (종교단체 기부한 금액이 있는 기부금)	[기준소득금액−①−②−③] × 10% + [(기준소득금액−①−②−③)의 20%와 종교단체 외에 지급한 금액 중 적은 금액]	[기준소득금액 * * − 이월결손금(10년 내 발생)−②−③] × 10%(사회적기업은 20%)
⑤지정기부금 (종교단체에 기부한 금액이 없는 경우)	[기준소득금액−①−②−③] × 30%	[기준소득금액 * * − 이월결손금(10년 내 발생)−②−③] × 10%(사회적기업은 20%)

*기준소득금액 = 차가감소득금액+(정치자금 · 법정+우리사주조합+지정)−이월결손금
**기준소득금액 = 차가감소득금액 * +(법정 · 우리사주조합 · 지정) 지출액
*차가감소득금액 = 당기순이익+익금산입 · 손금불산입−손금산입 · 익금불산입

■ 법정기부금의 종류

1. 다음의 비영리법인 및 단체(이하 "지정기부금단체"라 한다)에 해당 지정기부금단체의 고유목적사업비로 지출하는 기부금
   가. 「사회복지사업법」에 의한 사회복지법인
   나. 「유아교육법」에 따른 유치원 「초 · 중등교육법」 및 「고등교육법」에 의한 학교, 「기능대학법」에 의한 기능대학 또는 「평생교육법」에 의한 원격대학
   다. 정부로부터 허가 또는 인가를 받은 학술연구단체 · 장학단체 · 기술진흥단체
   라. 정부로부터 허가 또는 인가를 받은 문화 · 예술단체(「문화예술진흥법」에 따라 지정을 받은 전문예술법인 및 전문예술단체를 포함한다) 또는 환경보호운동단체
   마. 종교의 보급, 그 밖에 교화를 목적으로 「민법」 제32조에 따라 문화체육관광부장관 또는 지방자치단체의 장의 허가를 받아 설립한 비영리법인(그 소속 단체를 포함한다)
   바. 「의료법」에 의한 의료법인
   사. 「민법」 제32조에 따라 주무관청의 허가를 받아 설립된 비영리법인 중 일정한 요건(영 제36조 제1항 제1호 사목)을 모두 충족한 것으로서 주무관청의 추천을 받아 기획재정부장관이 지정한 법인
   아. 가부터 사까지의 지정기부금단체와 유사한 것으로서 규칙 제18조 제1항에서 정하는 단체
2. 공익목적으로 지출하는 다음의 기부금
   가. 「유아교육법」에 따른 유치원의 장, 「초 · 중등교육법」 및 「고등교육법」에 의한 학교의 장, 「기능대학법」에 의한 기능대학의 장 또는 「평생교육법」에 의한 원격대학의 장이 추천하는 개인에게 교육비 · 연구비 또는 장학금으로 지출하는 기부금
   나. 「상속세 및 증여세법시행령」 제14조의 요건을 갖춘 공익신탁으로 신탁하는 기부금
   다. 사회복지 · 문화 · 예술 · 교육 · 종교 · 자선 · 학술 등 공익목적으로 지출하는 기부금으로서 규칙 제18조 제2항에서 정하는 기부금
3. 영업자가 조직한 단체로서 법인이거나 주무관청에 등록된 조합 또는 협회에 지급한 회비 중 특별회비와 그 외의 임의로 조직된 조합 또는 협회에 지급한 회비
4. 아동복지시설, 노인복지시설 등 「소득세법 시행령」 제79조의2에 따른 사회복지 시설에 지출하는 기부금
1. 국가나 지방자치단체에 무상으로 기증하는 금품의 가액. 다만, 「기부금품의 모집 및 사용에 관한 법률」의 적용을 받는 기부금품은 같은 법 제5조 제2항에 따라 접수하는 것만 해당한다(2010.12.30. 개정).
2. 국방헌금과 국군장병 위문금품의 가액(2010.12.30. 개정)
3. 천재지변으로 생기는 이재민을 위한 구호금품의 가액(2010.12.30. 개정)
4. 다음 각 목의 기관(병원은 제외한다)에 시설비 · 교육비 · 장학금 또는 연구비로 지출하는 기부금(2010.12.30. 개정)

가. 「사립학교법」에 따른 사립학교(2010.12.30. 개정)

나. 비영리 교육재단(국립 · 공립 · 사립학교의 시설비, 교육비, 장학금 또는 연구비 지급을 목적으로 설립된 비영리 재단법인으로 한정한다.)(2011.12.31. 개정)

다. 「근로자직업능력 개발법」에 따른 기능대학(2010.12.30. 개정)

라. 「평생교육법」에 따른 전공대학의 명칭을 사용할 수 있는 평생교육시설 및 원격대학 형태의 평생교육시설(2013.1.1. 개정)

마. 「경제자유구역 및 제주국제자유도시의 외국교육기관 설립 · 운영에 관한 특별법」에 따라 설립된 외국교육기관 및 「제주특별자치도 설치 및 국제자유도시 조성을 위한 특별법」에 따라 설립된 비영리법인이 운영하는 국제학교(2018.12.24 개정)

바. 「산업교육진흥 및 산학연협력촉진에 관한 법률」에 따른 산학협력단(2011.7.25. 개정)

사. 「한국과학기술원법」에 따른 한국과학기술원, 「광주과학기술원법」에 따른 광주과학기술원, 「대구경북과학기술원법」에 따른 대구경북과학기술원 및「울산과학기술원법」에 따른 울산과학기술원(2015.03.27. 개정)

아. 「국립대학법인 서울대학교 설립 · 운영에 관한 법률」에 따른 국립대학법인 서울대학교, 「국립대학법인 인천대학교 설립 · 운영에 관한 법률」에 따른 국립대학법인 인천대학교 및 이와 유사한 학교로서 대통령령으로 정하는 학교(2015.03.27. 개정)

자. 「재외국민의 교육지원 등에 관한 법률」 제2조 제3호에 따른 한국학교(대통령령으로 정하는 요건을 충족하는 학교만 해당한다)로서 대통령령으로 정하는 바에 따라 기획재정부장관이 지정 · 고시하는 학교(2018.12.24. 개정)

5. 다음 각 목의 병원에 시설비 · 교육비 또는 연구비로 지출하는 기부금(2010.12.30. 개정)

가. 「국립대학병원 설치법」에 따른 국립대학병원(2010.12.30. 개정)

나. 「국립대학치과병원 설치법」에 따른 국립대학치과병원(2010.12.30. 개정)

다. 「서울대학교병원 설치법」에 따른 서울대학교병원(2010.12.30. 개정)

라. 「서울대학교치과병원 설치법」에 따른 서울대학교치과병원(2010.12.30. 개정)

마. 「사립학교법」에 따른 사립학교가 운영하는 병원(2010.12.30. 개정)

바. 「암관리법」에 따른 국립암센터(2010.12.30. 개정)

사. 「지방의료원의 설립 및 운영에 관한 법률」에 따른 지방의료원(2010.12.30. 개정)

아. 「국립중앙의료원의 설립 및 운영에 관한 법률」에 따른 국립중앙의료원(2010.12.30. 개정)

자. 「대한적십자사 조직법」에 따른 대한적십자사가 운영하는 병원(2010.12.30. 개정)

차. 「한국보훈복지의료공단법」에 따른 한국보훈복지의료공단이 운영하는 병원(2010.12.30. 개정)

카. 「방사선 및 방사성동위원소 이용진흥법」 제13조의2에 따른 한국원자력의학원(2010.12.30. 개정)

타. 「국민건강보험법」에 따른 국민건강보험공단이 운영하는 병원(2010.12.30. 개정)

파. 「산업재해보상보험법」 제43조 제1항 제1호에 따른 의료기관(2010.12.30. 개정)

6. 사회복지사업, 그 밖의 사회복지 활동의 지원에 필요한 재원을 모집 · 배분하는 것을 주된

목적으로 하는 비영리법인(대통령령으로 정하는 요건을 충족하는 법인만 해당한다)으로서 대통령령으로 정하는 바에 따라 기획재정부장관이 지정 · 고시하는 법인에 지출하는 기부금(2018.12.24. 개정)

※법인세법 별표 6의6 : 사회복지공동모금회, 재단법인 바보의 나눔

7. 다음 각 목의 어느 하나에 해당하는 기관으로서 해당 법인의 설립목적, 수입금액 등이 대통령령(시행령 제35조 제4항)으로 정하는 요건을 갖춘 기관에 지출하는 기부금

※법인세법 별표 6의7

가. 한국과학창의 재단

나. 과학기술분야 정부출연연구기관 등의 설립 · 운영 및 육성에 관한 법률 제8조 제1항 및 별표에 따른 한국과학기술연구원, 한국기초과학지원연구원. 원자력연구원. 한국해양연구원 등

다. 대한민국전몰군경유족회, 대한민국전물군경미망인회, 광복회, 제일학도의용군동지회 및 대한민국무공수훈자회

라. 대한장애인체육회

마. 대한적십자사

바. 독립기념관

사. 한국문화예술교육진흥원

아. 한국문화예술위원회

자. 문화유산국민신탁 및 자연환경국민신탁

차. 한국법무보호복지공단

카. 북한이탈주민지원재단

타. 2012여수세계박람회조직위원회

파. 한국국제교류재단

하. 한국해양수산연수원, 휴면예금관리재단

■ 지정기부금의 종류

지정기부금이란 사회복지 · 문화 · 예술 · 교육 · 종교 · 자선 · 학술 등 공익을 위해 지출한 기부금으로서 다음에 해당하는 기부금을 말한다 (2010.6.23. 제정).

1. 다음의 비영리법인 및 단체(이하 "지정기부금단체"라 한다)에 해당 지정기부금단체의 고유목적사업비로 지출하는 기부금
   가. 「사회복지사업법」에 의한 사회복지법인
   나. 「유아교육법」에 따른 유치원 「초 · 중등교육법」 및 「고등교육법」에 의한 학교, 「기능대학법」에 의한 기능대학 또는 「평생교육법」에 의한 원격대학
   다. 정부로부터 허가 또는 인가를 받은 학술연구단체 · 장학단체 · 기술진흥단체
   라. 정부로부터 허가 또는 인가를 받은 문화 · 예술단체(「문화예술진흥법」에 따라 지정을 받은 전문예술법인 및 전문예술단체를 포함한다) 또는 환경보호운동단체
   마. 종교의 보급, 그 밖에 교화를 목적으로 「민법」 제32조에 따라 문화체육관광부장관 또는 지방자치단체의 장의 허가를 받아 설립한 비영리법인(그 소속 단체를 포함한다)
   바. 「의료법」에 의한 의료법인
   사. 「민법」 제32조에 따라 주무관청의 허가를 받아 설립된 비영리법인 중 일정한 요건(영 제36조 제1항 제1호 사목)을 모두 충족한 것으로서 주무관청의 추천을 받아 기획재정부장관이 지정한 법인
   아. 가부터 사까지의 지정기부금단체와 유사한 것으로서 규칙 제18조 제1항에서 정하는 단체
2. 공익목적으로 지출하는 다음의 기부금
   가. 「유아교육법」에 따른 유치원의 장, 「초 · 중등교육법」 및 「고등교육법」에 의한 학교의 장, 「기능대학법」에 의한 기능대학의 장 또는 「평생교육법」에 의한 원격대학의 장이 추천하는 개인에게 교육비 · 연구비 또는 장학금으로 지출하는 기부금
   나. 「상속세 및 증여세법시행령」 제14조의 요건을 갖춘 공익신탁으로 신탁하는 기부금
   다. 사회복지 · 문화 · 예술 · 교육 · 종교 · 자선 · 학술 등 공익목적으로 지출하는 기부금으로서 규칙 제18조 제2항에서 정하는 기부금
3. 영업자가 조직한 단체로서 법인이거나 주무관청에 등록된 조합 또는 협회에 지급한 회비 중 특별회비와 그 외의 임의로 조직된 조합 또는 협회에 지급한 회비
4. 아동복지시설, 노인복지시설 등 「소득세법 시행령」 제79조의2에 따른 사회복지 시설에 지출하는 기부금

판촉비와 광고선전비는 다르다

판촉비와 광고선전비는 모두 기업의 제품과 서비스를 판매촉진하고 홍보하기 위해 사용되는 비용이다. 그러나 지출의 대상과 목적에 따라 세금 처리가 달라진다.

'판촉비'는 거래처 등의 특정인을 대상으로 기업의 제품 또는 서비스를 판매 촉진하기 위해 사용하는 비용으로 사업자 간 지급은 원천징수 대상이 아니며 개인에게 지급하는 경우에는 기타소득으로 원천징수를 해야 한다. 사업자에게 현금이 아닌 현물로 지급하는 경우 부가세법상 사업상 증여에 해당하여 간주공급에 따른 부가세가 과세 된다.

'광고선전비'는 불특정 다수를 대상으로 기업과 제품 또는 서비스를 홍보하는데 지출하는 비용으로 샘플, 견본품, 사은품 등이 해당한다. 물품 제공 시 부가세법상 사업상 증여로 보지 않아 부가세가 과세 되지 않는다.

세금폭탄 맞는 가짜 경비가 있다

가짜 경비, 국세청이 알아낼까?

어느 사업자들이 그렇듯 세금을 많이 내고 싶어 하는 사업자는 많지 않다. 그러나 이익이 나면 세금을 피할 수는 없다. 세무사 사무실에서는 5월 소득세 신고 전 사업자와 한 해 동안의 경영 성과와 세금에 관해 이야기한다. 가끔 이익이 예상했던 것보다 많다며 줄여달라는 사업자가 있다. 이익은 매출에서 비용을 차감해서 계산한다. 이익을 줄이는 방법은 아주 쉽다. 매출을 줄이던가 비용을 늘리면 된다. 부가세 신고 때 매출은 세금계산서, 신용카드, 현금영수증 등의 합계액이다. 매출액에서 현금영수증을 발행하지 않는 순수현금매출은 크지 않다. 즉 매출을 줄이는 것은 불가능하다고 볼 수 있다.

그렇다면 비용을 추가하는 것은 가능할까? 소득세 신고 때 비용으로 인정받기 위해서는 증빙을 수취해야 한다. 가짜 경비는 말 그대로 실제로 사용하지 않고 가짜로 만든 가공경비를 말한다. 즉, 비용을 추가하기 위해서는 가짜로 경비지출 증빙을 만들어야 한다. 계속 강조했듯 세법에서는 경비지출 시 격증빙을 수취하도록 하고 있다. 따라서 가짜 경비를 만드는 것 자체가 현실적으로 불가능하다.

세무조사에서 적발되는 가공경비 사례로는 가공인건비, 가공세금계산서, 가짜 증빙 수취가 가장 많다. 가공경비로 확인되면 해당 금액만큼 세금으로 추징될 수 있다. 국세청에서는 모든 사업자를 조사할 수 없기에 지출증명서류에 대한 검토를 강화하고 있다. 가짜 경비로 세금을 줄이기보다는 나에게 맞는 절세 방안을 찾는 게 더 중요하다.

매입가격이 30%나 낮은데 무자료로 매입해도 될까요?

SNS 마켓 사업자는 경험과 생각을 공유한다. 팔로워들에게 좋은 상품을 좋은 가격으로 소개하고 싶어 한다. 같은 상품을 30% 낮은 가격으로 소개할 수 있다면 더없이 좋을 것이다. 여느 날과 다름없이 SNS 마켓을 열심히 운영하는 사장님이 물어본 적이 있다.

"거래처에서 30%나 저렴한 가격으로 상품을 공급해준다고 합니다. 단, 무자료 매입조건입니다. 매입해도 될까요?"

질문으로 미루어봤을 때 팔로워에게는 30%나 저렴하게 매입할 수 있어 참 좋은 기회다. 그러나 SNS 마켓 사업자는 무자료 매입금액의 55%

를 세금으로 내게 될 수 있다. 무자료에 대한 세금 부담을 구매자가 아닌 판매자가 고스란히 안게 되는 것이다.

만약 1,000만 원을 무자료로 매입했다고 하면 매출에 대한 부가세 10%를 납부해야 한다. 소득세는 매출만 있고 이에 대한 매입자료가 없어 매출액 전액이 이익되어 세금으로 6%~45%를 내야 한다. 즉 부가세 10%와 소득세 6%~45%의 합계로 총 16%에서 55%까지 세금을 부담하게 된다.

30% 저렴하게 무자료로 매입해서 판매자가 30%의 추가 이익을 얻는다고 하더라도 이익보다는 추가적인 세금 부담이 더 클 수 있다. 무자료 거래를 하면 사업상 이익보다는 세무상 손실이 더 크기 때문에 절대 해서는 안 된다.

실제 근무하지 않은 친인척 인건비 세무조사에서 적발될까?

회사에 이익이 나면 주주는 배당으로 임원과 종업원은 급여나 상여로 받게 된다. 대표이사의 경우 급여를 수억 원씩 받게 되면 소득세 부담이 늘어나게 된다. 그래서 대표이사의 급여를 배우자와 자녀를 위장으로 취업시키고 금액을 나누어 신고한다. 배우자와 자녀에 대한 원천세 신고와 4대 보험 신고를 했기에 아무 문제가 없을 거라 생각한 것 같다. 그러나 대부분 세무조사 과정에서 가공인건비로 밝혀지게 된다. 조사과정에서 실제 근무하지 않은 배우자의 근무 사실을 입증하기는 불가능하다. 가공인건비로 처리되면 법인의 경비로 인정받지 못해 법인세를 추가로 부담하게 된다.

세무조사에서 기본적으로 살펴보는 항목 중 하나가 친인척 인건비다. 개인사업자의 경우에도 세금을 줄이기 위해 실제 일하지 않은 배우자와 친인척을 직원으로 신고해 소득세를 추징당하기도 한다. 친인척을 위장으로 취업시켜 인건비 신고를 하고 경비 처리하는 경우가 많아 세무서에서도 각별하게 체크하고 있으니 절대로 해서는 안 된다.

7장

나도 세무조사 받는 대상이 될 수 있다고?

"매출 누락", "가공경비"는 세무조사 1순위

인플루언서는 왜 세무조사를 받을까?

국세청은 2023년 2월 인플루언서, 유튜버, 연예인 등 84명을 세무조사에 착수했다고 발표했다. 세무조사의 주된 이슈 조사항목은 수입 부분과 비용 부분으로 나뉜다. 수입 부분에서는 현금 매출 누락, 차명계좌 사용 매출 누락, 위장사업장 매출 누락 등이고 비용 부분에서는 가공경비, 가공인건비, 사적 경비 순이다. 국세청은 2019년과 2021년 신종호황 사업자 220명을 세무조사하고 1,414억 원의 세금을 추징한 바 있다.

다음은 세무조사 대상자로 선정되는 사유다. 선정 사유에 해당하는 일이 발생하지 않도록 조심하면 세무조사는 받는 일은 없을 것이다. 세무조사 대상자는 신고내용의 적정성을 검증하기 위해 정기적으로 선정하거나, 비정기적으로 선정할 수 있다.

■ **정기 조사대상자 선정 사유**

① 국세청장이 신고내용에 대한 과세자료, 세무 정보, 회계성실도 등을 분석하여 불성실 혐의가 있다고 인정하는 경우

② 최근 4 과세기간(또는 4사업연도) 이상 같은 세목의 세무조사를 받지 아니한 납세자에 대하여 업종, 규모 등을 고려하여 신고 내용이 적정한지를 검증할 필요가 있는 경우

③ 무작위 추출방식으로 표본조사를 하려는 경우

■ **비정기 조사대상자 선정 사유**

① 세금 신고, 성실신고 확인서, 세금계산서 및 지급명세서의 작성 · 교부 · 제출 등 납세 협력 의무를 성실하게 이행하지 아니한 경우

② 무자료 거래, 위장 · 가공거래 등 거래내용이 사실과 다른 혐의가 있는 경우

③ 납세자에 대한 구체적인 탈세 제보가 있는 경우

④ 신고내용에 탈루나 오류의 혐의를 인정할 만한 구체적인 자료가 있는 경우

⑤ 신고내용 등 전산 분석 결과 실제 근무하지 않는 기업주 가족에게 급여 지급, 법인 명의 신용카드로 사적 경비지출 등 기업주 사적 경비를 법인의 비용으로 처리한 혐의가 있는 법인

⑥신고내용 분석 결과 또는 신고관리 과정에서 안내한 문제점 또는 혐의 사항에 대해 신고 미반영 등 구체적인 탈루 혐의가 있는 법인

"매출 누락" 세무조사에서 피할 수 없다

SNS 마켓 사업자등록을 하고 6개월 지난 인플루언서 한 분이 질문한 적이 있다.

"판매수수료를 통장으로 받았는데 꼭 세금 신고를 해야 하나요?"

업체에서 판매수수료에 대한 세금계산서를 요청하지 않아서 매출 세금계산서 발급을 안 해도 된다고 한다. 현금매출이 있는 사업자라면 한 번쯤은 고민해봤을 내용이다.

세무조사의 주된 이슈는 바로 매출 누락이다. 국세청이 보유하고 있는 과세정보 자료는 방대하고 전산망이 고도화 되어 매출 누락을 숨기기가 쉽지 않다. 세무조사에서 매출 누락이 밝혀지면 부가세와 소득세를 추가로 납부해야 한다. SNS 마켓 사업자의 경우 현금영수증 미발급 가산세 20%를 추가로 납부해야 한다.

만약 법인사업자가 매출 누락을 했다면 매출 누락 금액만큼 법인 대표자에게 지급한 것으로 간주하여 대표자에게 소득세를 추가로 과세한다. 따라서 법인의 경우 매출 누락에 대한 부가세와 법인세, 대표자 소득세, 현금영수증 미발급 가산세 20%와 각종 신고, 납부불성실가산세

등을 추가로 납부하게 된다. 법인의 경우 매출 누락 금액 100%에 해당하는 금액을 세금으로 납부하게 될 수도 있다.

세무조사 과정에서 매출 누락이 밝혀지면 흔히 세금폭탄 맞았다고 표현한다. 그만큼 추징세액이 크다는 의미다. 매출 누락은 절세가 아니라 탈세이므로 절대 해서는 안 된다. 전문가와 상의해서 절세 방안을 찾는 것이 현명한 사업자다.

"가공경비" 세무조사에서 피할 수 없다

5월은 개인사업자의 종합소득세 신고 달이다. 소득세 신고는 한 해 동안의 소득에 대해 납부하는 세금이다. 가끔 세금이 너무 많다고 무작정 줄여달라고 요청하는 사업자도 있다. 세금을 줄이기 위해서는 사업과 관련해서 지출된 증빙이 필요하다. 그러나 증빙 없이 무조건 세금을 줄여 달라고 우기는 사업자가 있다. 모든 책임은 본인이 질 테니 경비를 증빙 없이 장부에 반영해 달라고 요구하기도 한다. 이처럼 지출하지 않은 경비를 허위로 비용처리 한 경비를 가공경비라 한다.

가공경비는 크게 3가지가 있다.

① 가공세금계산서 : 자료상 등으로 수취한 매입 세금계산서

② 가공인건비 : 근무하지 않는 친인척 인건비 등

③ 가공경비(적격증빙 없는 가공경비) : 적격증빙을 수취하지 않는 가공경비

가공세금계산서 수취 사실이 밝혀지면 소득세뿐만 아니라 부가세도 추가로 납부하게 된다. 또한 자료상으로 매입한 경우 조세 포탈 혐의를 받게 되면 과태료와 함께 조세범칙조사로 전환되어 조세범처벌을 받을 수도 있어 주의해야 한다.

최근 근무하지 않는 친인척의 인건비를 경비로 계상하여 세무조사에서 적출되는 경우를 많이 보게 된다. 친인척 인건비는 국세청 세무조사 시 반드시 확인하는 항목 중 하나다. 실제 근무하지 않았다면 절대로 신고해서는 안 된다. 실무적으로 근무하지 않는 사실을 감추기는 쉽지 않다.

마지막으로 적격증빙 없는 가공경비를 장부에 반영하는 것이다. 증빙 없이 장부에 경비로 반영하는 경우는 없다. 반드시 지출 사실을 확인할 수 있는 증빙이 있어야 한다. 국세청에서도 거래 건당 3만 원을 초과하여 지출 시 반드시 적격증빙을 수취하도록 하고 있다. 사업자가 사업과 관련하여 지출하는 지출 증빙의 대부분이 적격증빙이다. 따라서 적격증빙으로 수취하지 않은 적격증빙 미수취 비율과 금액이 일정 금액 이상일 경우 세무조사에서 쉽게 밝혀지게 된다.

세무조사에서 가공경비 사실이 적발되면 본세와 가산세 등 무거운 세

금을 납부하게 된다. 세무조사 후 세금을 내지 못해 문을 닫는 사업자도 있다. 쉽게 세금을 줄이려 하다 쉽게 망할 수도 있음을 명심해야 한다.

차명계좌 사용하면 세무조사 받는다

SNS 마켓 사업자가 판매수수료나 상품 판매대금을 가족이나 직원의 계좌로 받아도 되냐고 물어본다. 차명계좌란 사업자 본인의 명의가 아닌 가족, 종업원, 법인 대표자 개인 계좌 등 타인의 모든 계좌를 차명계좌라고 한다. 사업자가 차명계좌를 사용하는 이유는 세금을 줄이기 위해서다. 탈세를 목적으로 한 차명계좌 사용은 고의 또는 부주의를 따지지 않고 불법이다.

차명계좌를 사용하면 세무조사 대상자로 선정될 가능성이 크다. 차명계좌로 세무조사 대상자로 선정되는 가장 큰 이유는 바로 탈세 제보다. 2013년부터 국세청은 음성적 현금 탈세 차단과 지하경제 양성화 목적으로 차명계좌 신고 포상금 제도를 운영하고 있다.

탈세 제보는 주로 주위에 있는 사람들이 한다. 경쟁사업자나 거래처, 직원 등으로 나를 잘 알고 있는 주변 인물들이 주로 제보하게 된다. 그러나 차명계좌 신고는 누구나 할 수 있다. 차명계좌 정보를 쉽게 구할 수 있기 때문이다. 각종 탈세를 제보하고 신고포상금을 받아 가는 세파라치(탈세를 몰래 찍어 신고포상금을 받는 탈세 제보자)가 있다. 그들에게 차명계좌는 좋은 먹잇감이다.

포상금은 신고 된 차명계좌를 통해 탈루 세액이 1천만 원 이상 추징되는 경우 신고 연도 기준 인별 연간 5천만 원 한도로 신고 계좌 건당 100만 원이다. 단, 법인 또는 복식부기 의무가 있는 개인사업자가 타인 명의로 보유 또는 사용하고 있는 금융계좌가 아닌 경우에는 포상금 지급 대상에서 제외된다.

02

증가하는 탈세 제보만큼 늘어나는 신고포상금

탈세 제보로 세무조사 받는다

탈세 제보란 특정 개인이나 법인의 탈세 사실을 기술한 후 탈세 사실을 입증할 수 있는 객관적인 증빙을 첨부하여 서면이나 인터넷으로 국세청에 신고하는 것을 말한다. 탈세 제보의 주요 내용은 실물거래 없이 세금계산서를 받거나 발행하는 경우, 이중장부 작성 또는 차명계좌를 사용해서 매출을 누락하는 경우, 근무하지 않은 사람의 인건비를 경비로 계상하는 경우, 대표이사 등이 법인자금을 사적 용도로 사용하는 경우 등이다.

국세청은 탈세 제보자의 신원을 철저하게 보안하고 있다. 따라서 누가 탈세 제보를 했는지 알 수도 없고, 제보를 처리하는 과정에서 탈세 제보로 인한 조사임을 유추할 수 없게 하고 있다. 탈세 제보는 사업자와 가까운 주변인들이 하는 경우가 많다.

국세청 〈국세통계연보〉에 따르면 탈세 제보 처리 건수는 2019년 2만 3,210건, 2020년 1만 8,921건에서 2021년 2만 2,097건이었으며 탈세 제보 추징세액은 2019년 1조 3,161억 원, 2020년 9,245억 원, 2021년 1조 222억 원으로 나타났다.

탈세 제보 건수, 추징세액

년도	탈세 제보 건수	추징세액	포상 건수	포상금
2019년	23,210건	1조 3,161억 원	410건	149억 원
2020년	18,921건	9,245억 원	448건	161억 원
2021년	22,097건	1조 222억 원	392건	140억 원

국세청은 제보자가 탈루 세액을 산정하는 데 '중요한 자료'를 제공하면 탈세 제보포상금을 40억 원 한도로 지급한다. 체납자의 은닉재산을 신고한 경우에도 30억 원을 한도로 지급한다.

포상금 지급액

탈루 세액 등	지급률
5천만 원 이상 ~ 5억 원 이하	20%
5억 원 초과 ~ 20억 원 이하	1억 원 + 5억 원 초과 금액의 15%
20억 원 초과 ~ 30억 원 이하	3억 2천 5백만 원 + 20억 원 초과 금액의 10%
30억 원 초과	4억 2천 5백만 원 + 30억 원 초과 금액의 5%

세무조사 잘 받는 방법

"어떻게 하면 세무조사를 잘 받을 수 있을까요?"

"어떻게 하면 세금을 적게 낼 수 있을까요?"

세무조사를 잘 받는 것보다 더 중요한 것은 '세무조사를 받지 않게 하는 것'이다. 그러나 세무조사 대상자에 선정이 되었다면 적극적으로 준비해야 한다. 세무조사 대상자에 선정되면 국세청으로부터 세무조사 사전통지서를 받게 된다. 세무조사 사전통지는 세무조사를 시작하기 15일 전에 조사 대상 세목, 조사 기간 및 조사 사유 등의 내용을 담아 조사대상자에게 통지한다.

세무조사에 대한 모든 책임은 사업자에게 있다. 세무 대리인은 세무조사의 조력자일 뿐이지 세금 납부에 대한 책임을 지지 않는다. 사업자는 세무 대리인과 함께 세무조사에 대해 적극적으로 참여하고 대응해야 한다.

첫 번째로 세무 대리인에게는 모든 문제점을 알려주어야 대응 방안을 준비할 수 있다. 세무 대리인은 세무조사 전 사업자에 대한 정밀 진단을 한다. 사업에 대한 소소한 내용까지도 파악하고 있어야 세무조사에 충실히 대응할 수 있다. 사업자에 대해 알지 못하면 세무 조사관에게 신뢰감을 줄 수 없고 세무조사에 좋은 영향을 줄 수 없게 된다. 사업자가 가지고 있는 예상 문제를 파악하고 이에 대해 준비해야 한다. 가끔 사업자가 세무 대리인에게 회사의 문제점을 숨기고 조사를 받다가 밝혀져 예상치 못한 세금을 추징당하는 경우가 있다.

두 번째 세무조사는 짧게는 2주에서 길게는 4주까지 계속된다. 세무조사가 진행되는 사항을 꼼꼼히 기록해야 한다. 조사과정에서 세무 조사관이 요구하는 사항과 요청자료를 메모해야 한다. 세무 조사관들이 요구하는 사항과 자료들이 세무조사 쟁점 사항이 될 확률이 높다. 쟁점 사항을 파악하면 대응 방안을 준비할 수 있고, 세금도 줄일 수 있다.

세 번째 피할 수 있으면 피하는 게 제일 좋은 방법이겠지만 세무조사의 긍정적인 부분도 있다. 세무조사를 통해 기업이 갖고 있던 문제점을 찾아내고 부족한 부분을 보완할 수 있다. 세무조사 후 억울하게 세금을 냈다고 생각하는 사업자는 많지 않다. 고의로 탈세를 한 경우가 아니라면 세무적으로 지식과 경험이 부족하여 세금을 납부하게 된다고 생각한다. 사업자는 세무조사를 통해 회사의 시스템을 정비하는 기회로 다지기도 한다. 장기적인 면에서는 한 단계 더 발전하는 기회가 될 수도 있다.

상위 1% 인플루언서로 가는

절세 노하우

초판 1쇄 발행 2023년 8월 31일

지은이 김동오
발행인 곽철식
펴낸곳 ㈜ 다온북스

마케팅 박미애
편 집 김나연
디자인 박영정
인쇄와 제본 영신사

출판등록 2011년 8월 18일 제311-2011-44호
주소 서울시 마포구 토정로 222, 한국출판콘텐츠센터 313호
전화 02-332-4972 팩스 02-332-4872
전자우편 daonb@naver.com

ISBN 979-11-93035-10-8 (03320)